無我夢中

柔道に育てられて

2020～2021年、中国で選手強化指導に
あたった際のひとコマ（著者＝中央）

2024パリ五輪柔道女子
48キロ級金メダリスト

角田夏実
Natsumi Tsunoda

×

柏崎克彦
Katsuhiko Kashiwazaki

［巻頭企画］

〝巴投げ〜寝技スペシャリスト〟対談

本書籍の制作がスタートした２０２４年7月末、
パリ・オリンピックが開会式を迎え、
同日、同大会初の日本人金メダリストが柔道競技において誕生し、
自ら倒れ込みながら相手を宙に舞わせ、関節技で仕留める……
その独特の闘いぶりに世間が沸いた。
柔道選手らしからぬ細身の体格で、日本人女子選手として史上最年長となる
31歳11カ月での五輪優勝を達成した、その選手の名は角田夏実。
本書著者・柏崎克彦もまた、捨て身技や寝技を武器に
遅咲きにして世界の頂点に立った選手であったことを考えれば、
二人の交わす技術論に期待せずにはいられない。そこで……
巻頭特別企画として「巴投げ〜寝技のスペシャリスト対談」をお送りする。

（２０２４年10月12日、ＳＢＣ東京医療大学にて。取材：長谷川亮）

たまたま父が投げの形で巴投げをやっていたときに教えてもらったんです。私の巴は形から来ています。（角田）

――柏崎先生は現役時代に巴投げと寝技の名手で、角田選手は現代における巴投げと寝技の名手ということで今回この対談を企画させて頂きました。先生、今日はたくさん資料をご持参頂いたようですね。

角田　ありがとうございます。

柏崎　もともと私はＪ ＳＰＯＲＴＳ（ＣＳ放送チャンネル）で柔道の解説をやっていて、その時使っていたデータです。これによると角田さんのことは25歳の時から見ています。

角田　もう7年前ですね。

柏崎　見返すとやっぱり巴、腕十字と書いてあるけど、他にも大内、背負い、袖釣り、一本背負いと書いてあって、こうして振り返ると様々な技を掛ける選手だったことが分かります。

角田　たしかに社会人になった時点では巴ではなく、袖釣りとか一本背負いが多かったです。

柏崎　そこからどんどん美人になったというか、輝きを増したよね（笑）。人は男女を問わず強くなると輝きを増してくるというのはあって、これは本当です。それはさておき、変わった経歴なんだよね。インターハイ3位になっていて、その実績があると大体進む大学が限られてくるんだけど、他にも名門柔道部を持つ学校がある中で東京学芸大に進んだのは面白いなと。射手矢（岬）先生の時代？

角田　はい、息子さんも同級生でよくご飯に行ったりしていました。

柏崎　彼もよくうちに来るから、よろしく言っておいて（笑）。射手矢先生は私より10歳ぐらい若いんだけど階級が同じで軽量級だったから、よく練習しました。真面目な先生だよね。

角田　はい、すごく研究熱心で。

柏崎　角田さんもサンボやブラジリアン柔術をやっているけど、射手矢先生も元々サンボをやっていて。我々の時代はまだ柔術はなかったから、大体レスリングとサンボを採り入れてやっていました。だからそうやって見ると、いいところに行ったなって（笑）。でも、そもそも何で学芸大に行ったのかなとは

昨今「現代の競技柔道の中では、形の技は掛からないだろう」と言われていたから、これは面白い事実だ。（柏崎）

パリ五輪でみせた巴投げ（Ⓒ GettyImages）

思ったんだよね。

角田　理由としてはあんまり柔道をしたくなかったたっていうのがあったんです（苦笑）。

柏崎　管理されるのが嫌だった？

角田　もう高校で引退したいと思っていたんですけど、学芸大がちょうどスーパーアスリート推薦っていうスポーツ推薦を取るようになって、全競技で10人取る中で柔道部にその1枠があったんです。それが私の1つ上の年から始まって、まず柔道で1人取って、なので部員が3人しかいなくて。私がその年の1枠をもらえたんですけど、全国ベスト4に入ると大体他の強豪校へ行ってしまうので、多分入る人がいなくて。一度インターハイの時に話をもらったんですけど、「もう柔道はやらないので」って断ったんです。でも、予定された人が内申点か何かの問題で入れなくなったんですかね。その1枠が空いてしまったというのでもう1回話をもらって、射手矢先生から「その1枠を守りたいから」みたいなお言葉を頂き入ったんです（笑）。

柏崎　全国の3番にまでなったのに、どうして高校まででやめようと思ったの？　1回戦で負けた人がやめるのなら分かるけど、メダルをもらって成功体験のある人が、普通はもっと成功したいって思うところで逆にやめようとしたのは何でだったんだろう。

角田　インターハイで3位になったのは2年の時で、3年生では5位だったんです。負けてメダルが獲れなくて。高校で頑張ろうって決めて、中学が八千代松陰（私立）だったんですけど松陰高校ではなく（柔道強豪校の）八千代高校に入りたいと思って受験し直して入ったんです。その3年間絶対頑張るって決めて高校に入ったんですけど、2年の時はインターハイ3位になれて次はもっと上位をって目指して1年頑張ったんですけど、それが結果にならなくて。それで燃え尽きてしまった感じがありました。

柏崎　じゃあ2年生の時よりも3年生の時の結果が悪かったことへのショックかな？

角田　精いっぱい頑張ったのにそういう結果で、〝私はここまでか〟みたいに思っちゃいました。

柏崎　そういう理由があったんだ。

角田　それで父親が結構料理をして、お菓子作りとかを一緒にしていたら楽しかったので、パティシエ

高校まではやらされていた感じだったのに対し、大学は練習が自由で縛られていないので、楽しさを見つけることができたんです。（角田）

を目指そうかとも思ったんです。

柏崎　最初はお父さんに柔道を教わったの？

角田　はい、父も60キロとか軽い階級だったと思います。でも昔はそんなに階級が分かれていないから、普通に大きい選手とも対戦していたと話してました。

柏崎　じゃあ柔道との出会いはお父さんとの関係だ。お父さんの得意技は何だったの？

角田　内股って言っていて、巴投げはやっていなかったそうです（笑）。でも私が高校の時に巴投げを教えてもらったのは父で、たまたま父が「投の形」で巴投げをやっていたときに「夏実は巴投げがいいんじゃないか」みたいな感じで、投げの形で練習していたフォーム通りに教えてもらったんです。だから私の投げ足が釣り手側なんです。

柏崎　形の通りだ。普通は彼女の年代になると巴投げっていうのは横巴が主流になってくるんです。それは引き出す巴投げだけど、角田さんのは入り込む巴投げで。

角田　はい、真下に入ります。

柏崎　だから角田さんがやっているのはまさに形にある巴投げで、ずっと試合を見てきても、近年の選手が使うのは大抵は引き出す巴投げなので珍しいなと思いました。中に入っての巴はあまりやる人がいないです。

角田　入り込む巴はむしろ知られてないと思います。私の巴は形から来ています。

柏崎　基本に戻ったんだね。昨今「現代の競技柔道の中では、形の技は掛からないだろう」と言われていたから、これは面白い事実だ。というのは、形の巴は両襟を持って掛けるんです。

寝技の強い人は研究好きで、余裕のある環境に身を置いてる人が多い。そして長く現役を続け、後半に成功をしていくパターンが多い。（柏崎）

ただ角田さんは両袖を持つから相手のコントロールが利く。だから両襟を持つ形から両袖に変化して、それで角田スタイルの巴投げができたんだと思う。私の知っている限り、あの巴の使い手は本当に少ない。加藤博剛（2012年全日本選手権優勝）なんかはその形に近いフォームだったけど、角田さんの巴はそれとも違って独特のものです。真っすぐに入る時もあるし、足を足す時も、傾いたらそこから上げる場合もあるし、お尻の方から押し出す場合もある。いろんな方向から入ってくるというのは本当にオリジナルです。

――唯一無二であるからこそ相手も対応できず掛かってしまうと言いますか。

柏崎　そうだと思います。本当にあれは角田式の巴投げです。彼女が考えて彼女が実践したもので、考える人はいるけど、それを実践できるかどうかというのは、また大きな別の問題です。だから考えたものがちゃんと技術として大きな大会で使えたというのはすごいことだと思います。

――考えやアイデアとしてだけでなく、実際に使えるものに昇華させていると。

柏崎　角田さんが巴投げを得意としていることが知れ渡ったら、そのうち掛からなくなると思っていました。巴投げっていうのは基本的にタイミングで掛ける技なので、そのタイミングがバレると極端に言うなら高校生にも掛からなくなるんです。でも、角田さんは相手が腰を引いていても巴で投げてしまう。あれはどうしてなのか私も分からない（笑）。もし分かったら自分でもやってます（笑）。巴投げのディフェンスは普通沈み込みますが、それを沈み込ませず浮かせている。浮いた後のコントロールもも

パリ五輪でみせた腕ひしぎ十字固め（© GettyImages）

のすごく上手です。あれは教えてできるものではなく、本人の感覚で覚えたものだと思います。だから逆に言うと教えるのは難しいんじゃないかな。

角田　そうですね（苦笑）。でも私にも巴投げが掛からなくなる時期がやっぱりあって、52キロの時に掛からなくなっていたんです。階級を48キロに変更しても掛からない時期があったんですが、学生に巴投げを教えることが多くなって〝自分はどうやって入っているんだろう〟っていうのをすごく考えたんです。言葉で説明ができないと教えられないので、よく自分で考えるようになりました。学生に「私どうやってる?」って聞いたりして一緒に考えて、それで自分の柔道を振り返ることができて〝こういう時にはこうしよう〟みたいのが少しずつ固まってきたんです。そういった何通りかの分け方ができて、相手がどこにはまるかというのを試合中に見つけたりして、1発で掛かることはあまりないので、最初1回掛けて〝こういう受け方なのかな〟というところを掴んで、試合中の2、3回目ぐらいで掛かり始めるっていうのがあります。だから試合の中で修正していく感じです。

柏崎　そういう世界なんだろうね。ただ、説明が上手くなるとだんだん理想を語り始めて、現実から離れていくんだよね（笑）。

角田　そうなんです（笑）。自分で分かったと思って教えて、教えたことをいざ乱取りで使おうとすると、〝あれ、掛からない〟みたいなことがあって（笑）。そこでまた修正していってます。

脚力は全然なくてスクワットも全くできないです。（角田）

――理論優先になると現実と乖離して行ってしまうことがあるのですね。

柏崎　私も指導者を長くやっているから同じ経験があります。だから「先生、説明上手くなりましたね」なんて言われると、「現実から離れているか

角田さんは、未来から振り返ったときに「大きく柔道を変えた選手のひとり」になっていると思います。（柏崎）

らな」って（笑）。けど、そういうことは実際にあって難しいところです。だから運動選手というのは技術が先に行って、後から理論がくっついてくるところがあると思います。最初はまず技を理解して、止まってる人を投げるという段階に進んで、続いて試合で掛けられまいとする人をも半ば強引にでも投げる＝使えるという風に段階を追って進んでいく。そして使える人はやがて教える側に回って、最初の段階に戻ってくるんです。だから教えるというのは、最初の〝分かる〟というところに戻ることで、そうすると逆に分からなくなるんです（苦笑）。

角田　本当に仰る通りで分からなくなります（苦笑）。

パリ五輪表彰式（Ⓒ GettyImages）

柏崎　言ってることとやってることが違うよな……っていう矛盾というのは指導者になると感じるところです。だから、角田さんも今それを教えながら思っているんじゃないのかな。

角田　結構早めにそれに気づくことができたので、ここ3、4年ぐらいは学生とディスカッションするのが楽しくなってます。そうやって話をして、できた巴を使ったり、そういうことを繰り返していって、何通りもある巴ができたのかなというのはあります。

柏崎　今日は残念ながら畳がないけど、本当だったら2、3回投げられてみたかったね（笑）。もう長いこと柔道をやってるから、実際に投げられた方が言葉以上に感じるものがあったと思う。それで経歴の話に戻ると、柔道はあまりやりたくなかったのに大学へ進んで学生チャンピオンになっていて、ここで大成功できた理由というのは何だったんだろう。嫌々行って、練習相手もさほどいた訳ではないし、さらに大学で競争相手が増える中でチャンピオンになれたのは何が理由だったのかな？

角田　最初、大学に入った時はさほどやる気はなかったんです。でも、高校まではガチガチに固められて先生にやらされていた感じだったのに対し、大学は射手矢先生の方針により練習が自由で短くてラクだったんです。縛られていないので出稽古も行けるし、柔術もできるし、何でもできたので、そういう中で楽しさを見つけることができたんです。

柏崎　柔術は面白かった？

角田　面白かったです。サンボも面白かったんですけど、やっぱり自分は柔術の方が面白くて。

柏崎　さっき話したけど、我々の時代も柔術はなかったけどサンボをやったりレスリングをやったりしたんです。そういった異種格闘技にトライをして、そこからいいところを拾ってくるというのは我々の時代もありました。じゃあ、大学の中にそういう雰囲気があったのかな。

角田　ＯＢに総合（格闘技）とか柔術の試合に出てる方がいて、そのＯＢが柔道部が練習をしてない時間に柔道場を使って、街の人を呼んで柔術をやっていたんです。それが朝の時間で朝練も毎日なかったので参加するようになって、そういう緩い部分のある大学でした（笑）。

柏崎 寝技の強い人っていうのは全部じゃないけど特徴があって、一般的に言うと研究好きで、のびのびとして余裕のある環境に身を置いてる人が多い。そして長く現役を続けて、後半に成功をして終わっていくパターンが多い。大器晩成なんです。濵田尚里なんかもそうだよね。研究好きっていうのは逆に言うと、のびのびとして余裕のある環境に身を置いてる人が多いです。余裕があってエネルギーがあるもんだから、違う世界にも興味があって飛び込んでいく。また、それをやらせてくれる指導者がいる。だから大学の雰囲気というか、射手矢先生だったのもよかったんだろうね。

角田 本当に私は学芸大だったから勝てたというか、今まで柔道をやってこれたと思います。

柏崎 いろんなことがうまくはまったんだね。

角田 射手矢先生も研究熱心なので、一緒に話して研究につきあってもらっていました。

柏崎 もともと寝技は好きだったの？

角田 寝技は好きで、中学校ぐらいからずっとやっていました。

柏崎 やっぱり基礎があったから楽しむところへすぐに辿り着いたんだね。それで社会人になって、了徳寺学園の職員になったのはどうして？

角田 大学の時に今井（優子）コーチと一緒に国体へ出たんです。その時に練習相手がいないでしょ？って行ったことのない大学だったりたくさん出稽古に連れて行ってもらって。それが大学3年の時でした。

柏崎　じゃあもうスカウトが始まっていたんだ（笑）。

角田　全日本学生で優勝したのも3年の時で、国体も3年と4年で優勝して、2年間お世話になって、本当に巡り合わせがよかったです。

柏崎　やっぱりチャンピオンに上がっていくうえで大切なのは人との出会いだもんね。道場があるとかないとか、そういうのではなく人的な環境です。いい人と会えるかどうか。同じ周波数があって、同じような柔道の考えがあって、それで上がっていくという。そういう意味では恵まれたよね。

角田　はい、本当にそう思います。

柏崎　階級変更に関しては、大体は階級を上げるのが普通で、佐藤愛子や中村美里は階級を上げて成功したけど、階級を下げて成功したケースはあまり思い浮かばないんだよな……コソボの（ディストリア・）クラスニキ（※東京五輪48キロ級の金メダリスト）が下げていたかな？

角田　クラスニキはもともと48と52キロの両方で試合に出ていたんですけど、52に（マイリンダ・）ケルメンディ（※リオ五輪52キロ級の金メダリスト）がいて下げたんだと思います。

柏崎　だから体重が理由というより、ケルメンディとの関係からだよね。ただでさえ減量があるのに、さらに階級を下げるっていうのは、これはよっぽど強制されたか（苦笑）。

角田　いえいえいえ（笑）。大学の時も体重が52、53キロぐらいしかなくて減量があまりなかったので、

48に落としたいと思っていたんです。大学4年の時に一度48で大会に出たんですけど、社会人になって前十字（靭帯）を手術して1年間、試合から離れたら結構体重が増えて（苦笑）。それで監督とも話して52でやり始めて、世界選手権に出れるぐらいまでは行けたので、そのまま52でやっていたんです。

柏崎　52でやっていて活躍しなくて下げてくるなら分かるけど、十分活躍していたんだもんね。

角田　メチャクチャ悩みました（苦笑）。

柏崎　それは悩むよ。

角田　日本のシステム的に、講道館杯で負けたらその階級の強化選手を外れてしまうんです。その時は52キロ級なら、その前にブラジルの試合（グランドスラム・ブラジリア3位）の実績によって講道館杯は免除なぐらいで、強化選手にはなれていたんです。

柏崎　48に落とすと、まず対戦相手の研究から始めなきゃいけなくてそれも大変だし、だから普通は階級を落としたりはしないと思う。

角田　しかも、それで負けたらもう強化も外れるっていう。

柏崎　社会人になって強化を外れると、行くところがないんだよね。本当にチャンスがなくなってしまう。

角田　なのでそこは本当に引退覚悟で決めました。

柏崎　だから大きな勇気のいる場面だったんじゃないかと思います。でも、それが結果としてよかったよね。階級を変えたのとオリンピックのタイミングがちょうどうまいことはまって。オリンピックは4年に一度の周期だから、どんなに強くても周期が合わなくてダメな人もいるんです。私たちの世代だと天理大の藤猪（省太）先生なんかは2年に1度の世界選手権で4回優勝して、1回中止になった年を挟んでいるから10年間世界で負けたことがなかったけど、オリンピックに出られなかった。私と一緒でモスクワオリンピックが最後のタイミングだったけど、日本チームが参加をボイコットしたから行くことができなくて。だから角田さんの試合の記録を見て、階級を変えたタイミングがよかったのだなって思いました。もちろん運だけで勝てる訳じゃないけど、やっぱり物事にはいいタイミングというのがあるんだと思う。それと、チャンピオンにまでなったんだから当然他の人と違う、変わっているところがあると思うんだけど、自分としてはどう思う？

角田　周りからもよく「変わってる」って言われます（笑）。でも柔道の強化選手や代表の人たちって、「変わってない人いないよね」っていうぐらいみんな変わってるんです。

柏崎　私も10年ぐらいナショナルチームにいたけど、たしかにみんな変わってたね（笑）。

角田　みんな自分を持ってるというか。私は周りから「本当に柔道好きだよね」っていうのをよく言われます。あと基本的に運動が好きなので、オフで旅行に行ってもランニングシューズを持って行ったり、柔道の話が始まったら熱くなっちゃうとか。

柏崎　自分でも好きだって思うんだね。

角田　自分でもそう思います。高校の時は〝柔道をしてない時は柔道のことを考えたくない〟っていう感じだったんですけど、社会人になってからはいろんなトレーニングだったり自転車に乗っていても〝これで鍛えようかな〟と思ったり、何か全部柔道に繋がるんじゃないかって考えちゃいます。

柏崎　やっぱり〝好きこそものの上手なれ〟だよね。

――巴投げに関してですが、あれだけ相手を持ち上げることができるのはやはり脚力があるからなのでしょうか。スクワットとかレッグプレスのようなストレングス・トレーニングを高重量で行っているのですか？

角田　膝も腰も悪くてヘルニアだったりするので、脚力は全然なくてスクワットも全くできないですし、強いのは腕だけなんです。

柏崎　やっぱり力じゃ持ち上がらないよね。技術を活かすために最低限の力は必要だけど、力だけでは上がらないよ。

角田　腕っぷしは男子なみって結構言われます（笑）。でも、柔術をやった時に男性と練習することが多くて、そうすると腕同士では力が敵わないんです。その時に、腕じゃ敵わないから足で相手の腕と戦うというか、足で道着を持ったり引っ掛けるっていうのをやっていたら、周りから「腕が4本ある」みたいな言われ方をするようになって（笑）。

柏崎　やっぱり体の大きい人とやる時は引き込んだ方がラクです。寝技の強い人っていうと寝技だけが注目されるけど、本当は柔道で言えば投げられないから寝技ができるんです。だから受けの強い人が多い。ゴールが寝技で決まるから「寝技」って言われるけど、本当は意外と違って、実際はいろんな技術を持っています。ただ試合になると、その中で一番いいものを使う訳です。

角田 そうですね、「一番ベストなもので、早く」という意識です。

柏崎 みんな最後の部分ばかりを言うけど、本当はそうじゃない。実際にはたくさんの技を使うことができるし、実際に使ってもいるんです。

角田 掛からなくても、そのフェイントがあるから巴が掛かるっていうのはありますね。足技だったりとか。

――柔術の練習をしたことで、寝技だけでなく巴投げも磨かれた部分があったのでしょうか。

角田 柔術ではほとんど投げ技がないんですけど、どう寝技に持っていくかというので巴投げを掛ける選手はいるんです。そこで私も男子と組んでいても引き込めないから巴投げで落としたり引き込んで、というので寝技への連係ができるようになりました。柔道の練習は結構立ち技・寝技って分かれますけど、柔術の練習は始まったら寝技をしていても立ち技していてもよくて、その時間内で立ったり座ったり、組んだまま立ったり座ったりもあるので、待てがなくて、本当にそういった連係が上手になりました。

柏崎 今回のパリ五輪では全部で34の技が決まり手になっていて、トップ10のうち4つが捨て身技なんです。巴投げは9番目なんだけど、普通の大会だと巴投げはもっと後ろに来ます。それが34のうち9番目だから本当に上位で、よく使われる技術の1つということです。これはルールの関係もあって、手を使ってよけることができなくなっています。

角田　そうですね、それはあると思います。

柏崎　昔だったら背中越しに帯を取りに行くとタックルされたけど、今はルールでできなくなって、捨て身技が有利だし増えています。今回のオリンピックでも捨て身技が顕著に増えていました。さらに今回の角田さんの試合を見て、今度は一般の子どもたちの中でも取り組む子が増えていくんじゃないかと思います。だから今回のオリンピックを機に柔道の世界が変わっていく気がします。そういう意味では角田さんは、未来から振り返ったときに「大きく柔道を変えた選手のひとり」になっていると思います。

Profile

角田夏実（つのだ なつみ）◎1992年8月6日生まれ、千葉県八千代市出身。高校時代より52㎏級の選手として活躍するが、2019年、東京五輪代表選考シーズンより48㎏級に階級変更。2024年パリ五輪48㎏級金メダリスト。世界柔道選手権48㎏級3連覇（2021年～2023年）。東京学芸大学を経てSBC湘南美容クリニック所属。身長161㎝。

武大
SBC
SBC

無我夢中——柔道に育てられて

CONTENTS

体勢別の攻撃法選択_02

体勢別の攻撃法選択_03

体勢別の攻撃法選択_04

第3章　投技から固技へ

[動画内容と視聴方法]

本書では、各章の文末にQRコードを添え、2007年に発売され、販売期間が終了している技術解説DVD「柏崎克彦の寝技で勝つ柔道」の内容を視聴できるようにしています。QRコードを、スマートフォンやタブレット型パソコン等付属のカメラで撮影することで読み取り、動画を視聴してください。本書のQRコードを読み取った場合のみ視聴できる限定公開のかたちを採っています。動画における解説は、2007年当時の柔道競技のルール（IJFルール、講道館ルール）に沿った内容となっています。

[技術解説動画(QRコード)
～柏崎克彦の寝技で勝つ柔道～]

第1章　抑込技の基本_01

第2章　体勢別の攻撃法選択_01

はじめに

本のタイトル「無我夢中」は、私の好きな言葉です。人生において夢中になることが見つかり、夢中になれる時間を過ごすことができた人は、幸せであると考えるからです。

私は10歳の時に柔道と出会い、優れた先生方の指導や、友人たちの励ましによって徐々にその魅力に引き込まれていきました。スポーツの指導者といえば、その技術を教える人とのイメージがありますが、私の柔道人生を振り返る時、優れた指導者は技術もさることながら、本人のやる気を上手に引き出すことのできる人だと思います。私はそのような優れた指導者と出会い、生涯を柔道とともに歩んできました。

選手時代最も得意とした固め技の技術の解説とともに、私の出会った魅力あふれる先生方と自慢の柔道仲間たちにまつわる話にも、お目通しいただけましたら幸いです。

柏崎克彦

柔道との出会い（1）

私の母校、岩手県立久慈《くじ》高等学校の校歌は「山並みの　青くせまれる　みちのくの　いや果ての果て」という歌詞で始まる。かつては日本のチベットと揶揄《やゆ》された岩手県。その中でも久慈市は県北に位置し、東京から見ればまさに「いや果ての果て」であった。現在の人口は約3・5万人。三陸復興国立公園（旧陸中海岸国立公園）の北の玄関口に位置し、海と山に囲まれた自然豊かな街は、平成25年、ＮＨＫ連続テレビ小説「あまちゃん」の舞台としても話題となった。その久慈市民の誇りは、市の名誉市民第1号で、空気投げ（隅落《すみおとし》）を編み出した柔道家三船久蔵《みふねきゅうぞう》十段である。街の高台には三船十段を記念して開設された柔道場がある。この久慈市立三船記念館で私は柔道を始めた。

久慈市立三船記念館

三船久蔵十段について簡単に紹介してみたい。三船十段は明治16（１８８３）年に久慈市で生まれ、仙台第二中学校卒業後、早稲田大学予科を経て慶應義塾大学理財科に入学している。その後、退学して柔道専門家の道を歩むことになる。東京大学、明治大学、日本大学など11校の柔道師範をしながら54歳の若さで九段、62歳で講道館柔道の最高位十段に昇りつめた。身長１５９センチ、体重55キロの小兵《こひょう》であったが、明治38年の講道館有段者試合では二本取り勝負で8人を投げ、抜群の成績で二段に昇段している。多くの技や「形」を考案すると共に、柔道の普及・発展に貢献した柔道家である。1965年1月27日、81歳で死去した際には講道館葬が大道場で執り行われている。

その三船十段の偉業をたたえて1958年10月25日、久慈市立三船記念館が開設された。50畳の道場と宿泊施設が併設され、多くの子どもたちが足を運んだ。もっとも、当時は少年スポーツが今ほど盛んではなく、三船記念館が久慈市で唯一のスポーツクラブといってもよい時代である。

この三船記念館は1990年、老朽化のため場所を移し、市立三船十段記念館と名を変えて再建された。公式試合場2面と観客席、さらには三船十段の資料を展示した資料館は、日本を代表する建築家黒川紀章の設計である。

久保正太郎先生との出会い

三船記念館が開設して3年目の1961年4月、小学5年生の私は友人の誘いを受けて共に道場の門をたたいた。最初に会った初代指導主任の久保正太郎《くぼしょうたろう》先生の印象は、小柄で聞きなれない東京弁を使う声の大きな人であった。入門時、私は柔道を学ぶことに特に強い思いや体力に自信があったわけではない。どちらかといえば、小さくて痩せた非力な子どもだった。子どもの柔道は体力比べの要素が強い。当然、私は勝利とは無縁だった。負けてばかりの私がなぜ柔道をやめなかったのかは今でもよく分からないが、久保先生の巧みな指導に助けられたとしか思えない。

私の人生に大きな影響を与えた久保正太郎先生は、昭和10（1935）年12月、大阪で生まれ、後に滋賀県長浜市で少年時代を過ごしている。中学1年で柔道と出会い、中学3年には第1回近畿少年柔道大会で個人優勝、県立長浜北高校入学後は1年生で第1回滋賀県高校選手権大会で個人優勝し、初段を修得している。高校3年の時、日本キリスト教団長浜教会で洗礼を受けているが、自らの意志だったという。

最初の三船記念館

現在の三船十段記念館

久保先生が柔道を始めたきっかけは、6歳の時に負ったケガのリハビリのためである。ガラスにより右肩鎖関節に達する外傷を負い、右腕の全神経を切断。その後、通算6度の手術を受けている。27歳が最後の手術であり、やっと痛みとしびれが取れたと先生自身から伺った。

大学は國學院大學政経学部。大学でも柔道部に入部するが、この年の春に4度目、秋に5度目の手術を受けている。大学生時代は選手として活躍でき

三船十段（右）と
久保正太郎先生

久保先生の手を借りて
受け身の練習をする道場生

なかったが、柔道部の師範であった三船十段と出会い、頻繁に自宅を訪問して柔道技術ばかりでなく、幅広く指導理論を学んだという。大学4年生では國學院大學の47クラブのまとめ役である学友会幹事長を務め、大学卒業年に三船十段の推挙で、新設された久慈市立三船記念館の初代指導主任を務めることになる。

三船記念館の日常

当時、三船記念館の稽古日は月曜日を除く毎日であり、少年の部は通常午後4時から約1時間半行われていた。柔道で最初に教わる礼法と受け身は、ケガで稽古のできなかった4年生が教えてくれた。6年生や中学生の先輩方は、低学年の面倒を見ながらたった一人の指導者である久保先生の指示に従って汗を流している。だれもが先生との稽古が一番楽しいらしく、皆の声援を受けながら嬉《うれ》しそうであった。

約1時間半の稽古が終わると、その日の当番が前に出て「今日のニュース」と発声する。指名を受けた道場生たちは、その日のニュースを簡単に話す。単に新聞の見出しだけを言うものもいる。三船記念館では新聞を読んでくることが規則だった。学校や自宅で読んでくる道場生もいたが、多くは道場のドアの前にある新聞コーナーで新聞を奪い合うように読んでいた。「今日のニュース」の後、久保先生のニュースの解説と講話があって稽古が終わる。小学生を中心にした稽古が終わると入れ替わるように大人が三々五々道場に入り稽古が始まる。部活動を終えた近くの中学生や高校

稽古は雑巾がけから始まる

指名を受けた道場生が「今日のニュース」を発表する（後列右端が筆者）

稽古後の久保先の講話

夜の勉強会

生も参加し賑《にぎ》やかだった。
稽古を終えた小学生は道場で遊んでいる暇はない。すぐに着替えて、走って帰路に就く。急いで夕食をすませ、午後7時には勉強道具を抱えて道場に逆戻りである。柔道の稽古と同じ1時間半の勉強が待っている。三船記念館内にある狭い勉強部屋の座り机で、互いに肘をぶつけながら銘々が予習や復習、宿題をする。席は指定席である。久保先生が、学期末の成績表を見て算数の苦手な子どもの隣には算数の得意な先輩を座らせるといった配慮がなされている。時々、青年の部を指導している久保先生がドアを開けて勉強部屋をのぞき込むと、部屋が一瞬で静かになった。最後は漢字とローマ字の書き取りテストで終わることが多かったように思う。
子どもたちの楽しみはこれからである。青年の部が終わった途端に道場はサッカー場に変わる。「たわしサッカー」の開始である。サッカーボールの代わりに大きな「たわし」を使う。柔道の「足払い」の要領で足の裏でしっかり払わないと足が痛くてたまらないが、子どもたちの一番の楽しみだった。「たわしサッカー」が終わると子どもたちは青年部の先輩方と一緒に帰路に就くことになる。

長期の休みなどを利用して青森県三沢市にある米軍基地の少年団や岩手県盛岡市の少年部などと試合をすることもあったが、三船記念館の少年部は圧倒的に強かった。強かったのだから厳しい稽古があったはずだが、厳しかったことも辛《つら》かったことも思い出せない。子どもたちの気付かないうちに久保先生が上手《じょうず》に仕込んだとしか思えない。この「たわしサッカー」もその一つだったのだろう。

今日では、小学生を対象とした全国規模の柔道大会や地域の大会などが頻繁に行われているが、私の小学生時代は、春と秋の市民柔道大会と年2回程度の昇級審査会であった。その大会での優勝はおろか、入賞の思い出も私の記憶にはない。昇級審査会では、先生から指名された者同士が試合をし、その後「投の形」をすることが課せられていた。ここでは、久保先生の気遣いによって時々勝つことができたように思う。

三船記念館の昇級は5級から始まる。いずれの級も「5級の下」と「5級の上」のように二つに分かれており、昇級の機会が増えるように工夫がなされていた。小学生時代の一番の思い出は、白帯から「5級の下」に昇級して、帯の色が白から緑色に変わった時だったように思う。昇級が発表になった日には、道場の外に薪ストーブが置かれ染料が入った鍋で白帯を緑帯に、3級に昇級したものは緑帯を紫帯に自分で染める。新しい色帯に変わった子どもたちは、嬉しくて帯の染料が乾かないうちに帯を締めるため、柔道衣の腰回りが帯の色に染まっていたことを思い出す。

今さらながら20代の若い久保先生の教育力には驚きを覚える。三船記念館はまさに柔道を通しての総合学習の場であった。

寝技で勝つ柔道

第１章_抑込技の基本_01_
抑込技の基本と連絡変化01__
横四方固（１）

寝技で勝つ柔道

第１章_抑込技の基本_01_
抑込技の基本と連絡変化02__
横四方固（２）

柔道との出会い（2）

岩手県久慈市の名誉市民である三船久蔵十段の偉業をたたえて、1958年10月、久慈市立三船記念館は設立された。その初代指導主任に任命されたのは、三船十段から推挙された若干23歳の久保正太郎先生であった。先生は市立三船記念館に「父母の会」を作り、久慈市長を中心とした後援会を組織し、市内の中学・高校の柔道部との連携を図った。同時に三船記念館を単なる柔道の練習場所ではなく、子どもたちの総合学習の場として位置付けたように思う。新聞を読まなければ道場に入ることが許されず、柔道の稽古時間と同じ1時間半の勉強会を開き、年間を通して多くのボランティア活動が行われたのは、その証《あかし》でもある。先生は天性の教育者だったように思う。

三船記念館の年間行事

三船記念館は実に行事が多かった。もちろん年2回の柔道大会や昇級試合など柔道の行事もあったが、今となっては親善試合も含めて、私は試合のことをよく思い出せない。なにせ私には勝って喜んだという記憶がまったくない。負けるとすぐ泣いていたようであるが、悔しかったというよりは、年下に負けて恥ずかしかったのだと思う。

試合の思い出はないが、多くの行事は忘れられない。夜明け前に、雪の中を柔道着一つで走った寒稽古では、友人の鼻水がシャーベット状になっていたのを思い出す。ランニング後の道場での稽古は、足の感覚がマヒして危険なため寝技の稽古が中心だった。当時、道場には暖房施設もなかった。養老院や母子寮への慰問では、皆の前で柔道の技や「形」を披露して大きな喝采を浴びた。

先生の手伝いでお伴する寒村での映画会は、道場生たちも一緒になって映画を楽しんだ。年末の街頭募金は、恥ずかしくて大きな声が出せなかった。リヤカーを引いて街を回って行う廃品回収は、それを現金化して寄付することが目的だったが、子どもたちは回収した漫画の本に夢中だった。クリスマスイブの夜、サンタクロースの格好で親から託されたクリスマスプレゼントを子どもに届ける「サンタの会」は、高校生や青年部の仕事だったが、サンタの役は子どもたちの憧れだった。このプレゼントの配達は有料で行われたが、この収益は母子寮などで生活する子どもたちへのプレゼント費用に回された。

「百人一首の会」は試合と同様に一番になった記憶が私にはない。多少の自信があったのは、近くの山の頂上までの徒競走。日曜日の稽古後などに、三船記念館から往復3キロほどの距離を競ったが、時々1番になり先生から褒められた。

柔道の試合や稽古の主役は、強い子どもに集中するが、三船記念館の多くの行事は、その行事ごとに主役が変わっていたように思う。さまざまな体験ができ、誰にとっても居心地の良い場所、それが久保先生の考えた理想の道場だったのであろう。

北国の
寒稽古は厳しい

「サンタの会」は
青年部のボランティア活動

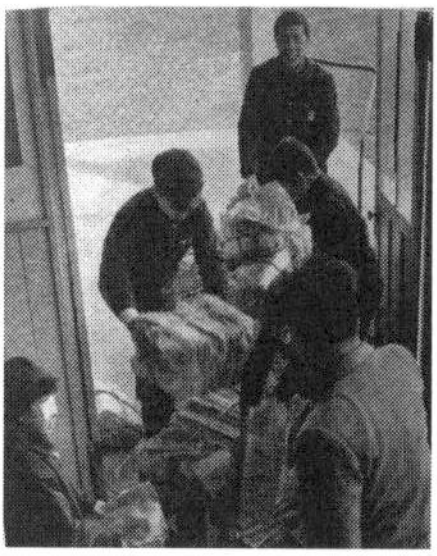

リヤカーで廃品回収をする

スポーツ少年団全国大会への参加

三船記念館の直接的行事ではないが、久保先生の誘いで参加した日本スポーツ少年団の講習会も忘れられない。日本スポーツ少年団は、1962年6月に創設され、現在約3万の加盟団体を有する日本最大の青少年スポーツ組織である。しかし、創設当時はわずか22団体であり、第1回の「スポーツ少年団指導者中央講習会」を開催できたのは、64年1月30日であったと『日本スポーツ少年団50年史』に書かれている。

久慈市立である三船記念館は、創設間もない日本スポーツ少年団に加わり、65年7月の第2回中央講習会に久保先生を派遣した。その時、久保先生の誘いで中学2年生の私も一緒に参加することになった。先生は、教員であった私の両親を説得してくれたようである。山梨県の本栖湖《もとすこ》畔で開催されたこの大会で、私は最年少ではなかったかと思う。1週間の中央講習会のハイライトは富士登山であった。自衛隊員の協力の下、私は先頭で登り始めたが、途中で高山病にかかり最後尾で登頂したことを思い出す。その後、社会人となった私は、家族や教え子、友人たちとほぼ毎年のように富士山に登頂している。久保先生は、ここでも私に人生の楽しみを一つ与えてくれた。

子どものころの体験は、人生を豊かなものにしてくれると今になってつくづく思う。この時の講習会、久保先生とは別のグループだったので、残念なことに、私にはこの時の写真が1枚もない。子どもがカメラを持てる時代ではなかったように思う。

先生の技の説明を聞く道場生

稽古の後の黙想（後列左から4人目、飛び抜けて小さいのが筆者）

講道館での初めての稽古

東京遠征

三船記念館少年部は数年に一度、東京遠征を行った。そのために子どもたちは可能な限り毎日10円を貯金することになっていた。皆から預かったお金は、貯金係の中学生によってノートに記録され銀行に預けられる。私は中学2年の冬休みに、7人のメンバーのリーダーとして東京遠征に参加することができた。中学生は私だけで、その他は皆小学生だった。憧れの講道館で少年部の道場生と試合を行い、大道場では「投の形」を披露し、講道館恒例の鏡開き式にも参加した。

東京遠征で「国立こどもの国」へ。
筆者は左から3人目

その他にも、NHK、東京タワー、上野動物園、横浜に開設したばかりの「国立こどもの国」などの見学や、鎌倉にある三船十段の墓参りなど、盛りだくさんの日程が組まれていた。久保先生の柔道人脈を最大限に利用しての遠征旅行である。

岩手の田舎から上京した我々にとって観るものすべてが珍しく楽しかったが、今でも忘れられないのは遠征の思い出ではなく、遠征を終えた次の日の出来事である。遠征グループのうち、4人が稽古に遅れてきた。5分ぐらいの遅刻だったと思う。道場の前に先生が立っていた。「どうして遅れた」。私を含む4人の子どもたちは、いつもと違う先生の前で下を向いた。

1981年、オランダでの世界選手権に出場した筆者（中央）の応援に駆けつけてくださった久保先生夫妻。筆者は65キロ以下級で優勝した

1988年ソウル五輪の柔道女子66キロ級優勝の佐々木光選手（中央）と久保先生夫妻

道場の真ん中に立たされた4人の前で先生は確かこんなことを話した。「両親をはじめ多くの方々の協力で東京遠征は成功したと思った。しかし、それは間違いだった。私は君たちに時間を守る大切さも教えることができなかった。私は指導者として失格だ。4人で私を殴れ」。先生は涙を流しながらそう言った。大人が子どもの前で泣くのを初めて見た。先生は、無理やり子どもの手を取って顔を殴らせた。その後で、君らも悪いと強烈なビンタが一発きた。私の人生の中で指導者から殴られたのは、この一度だけである。

　久保先生はその年の4月、私たちが見学した横浜の「国立こどもの国」に転職することになる。三船十段が「私が死ぬまで久慈に」という約束が守れたので、家族と共に次のことに挑戦をしたいというのが先生の転職理由だったように思う。三船十段は前年の1月に亡くなっていた。

　先生の転職は、道場生にとって突然の話だったが、私は横浜の「国立こどもの国」を見学していた時の先生の言葉を思い出していた。「学校を卒業するまで、小学6年、中学3年、高校3年、大学

1985年、友愛道場設立10周年記念式での記念写真（前列中央、柔道着を着ているのが左から山下泰裕選手、佐藤宣践全日本監督〈当時〉、久保先生、筆者）

4年というように、社会が人生に区切りをつけてくれる。でも、それから先は、自分で人生の区切りを決めなければならないよ。柏崎君もしっかり考えて人生を送りなさい」。先生は自分で区切りをつけながら人生を送っているのだろうと、その時思った。

久保先生は久慈市を去るにあたり、子どもたちに次の言葉を残した。「豊かな人生を送るために、良き師、良き友、良き本との出会いを求めなさい」。また道場の柱には、先生が張り付けた「なにくそは、男の意地である」「優しいことは強いことである」「言葉は心であり、心は人である」と書かれた3枚の短冊が残った。先生は別れるにあたり、子どもたちにポケットサイズの辞書を贈ったが、私の辞書には「隣人愛」と書かれていた。

その後、久保先生は「国立こどもの国」で5年間働く。その間に柔道整復師の資格を取得し、75年に静岡県沼津市に久保整骨院と友愛道場を建て、地域の青少年育成に努めている。88年ソウルオリンピックの柔道女子66キロ級（公開競技）金メダリスト佐々木光《ひかり》さんは、この友愛道場の出身である。また、84年のロサンゼルス五輪柔道で山下泰裕選手（現ＪＯＣ会長）や中西英敏選手（元東海大学教授）が負傷した際に、試合場で手当てをしたことでも有名である。私は大学に進学した後、先生のご自宅や道場を幾度も訪問し、先生が62歳で亡くなる98年までご指導を受けた。先生の葬儀は友愛道場で、親交のあった牧師によって執り行われた。葬儀の際、「『行動しない宗教家は価値がない』。これは久保先生からいつも言われた言葉です」と牧師が話したことを思い出す。

現在は、ご子息の久保精一氏が、先生の遺志を継いで友愛道場を運営するとともに、「ゆうあいクリニック」院長として地域の医療と青少年の育成に努めている。

寝技で勝つ柔道

第１章_抑込技の基本_01_
抑込技の基本と連絡変化03__
崩上四方固

柔道の虜《とりこ》になる（1）

小学生時代、私は試合で勝つことに無縁だった。それは中学生になっても変わることがなかった。第1回全国中学校柔道大会が開催されたのは1970年、大学1年生の時であるが、地元の岩手県大会はすでに55年から始まっている。私は中学3年間、ただの一度も久慈地区予選を勝ち抜いて、県大会に出場することはなかった。久慈市立久慈中学校の柔道部で、まじめに稽古に励み、その後、時間の許す限り市立三船《みふね》記念館に足を運んで稽古したにもかかわらず、である。近年の日本を代表する選手の経歴を見ると、その多くが中学・高校時代に全国大会で活躍している。当時の私は、勝つ喜びは知らなかったが、それでも柔道が楽しくて仕方がなかった。「下手《へた》の横好き」である。

和山勇人先生との出会い

1967年4月、私は地元の岩手県立久慈高校普通科に入学する。当時の柔道部は全員坊主頭であった。初めての坊主頭で道場に行くと、そこには体重100キロは超えると思われる大きな体の柔道部監督がいた。名前は和山勇人《わやまゆうと》で、国士舘大学柔道部の副主将を務め、団体戦や個人戦で活躍。卒業後は2年間、岐阜県立関《せき》高校の教員をしながら、岐阜国体に出場したと先輩から聞いた。どんな性格の人かは、この4月に久慈高校に転任してきたばかりなのでわからないという。見るからに怖そうである。笑わないし、言葉が極端に少ない。

当初、新入部員は7名ほどいたように思うが、夏休み前には5名に減っていた。全部員数は15名程度で、その約3分の1が初心者である。新入部員は、最初の1カ月は基礎体力をつけるために、ランニングを中心としたトレーニングと寝技の基本練習だけであった。寝技の基本練習とは、年間を通して行う「寝技の反復練習」のことであり、教えてくれたのは、少し前に和山先生から教わっていた先輩たちである。

通常、柔道部の練習は、道場の黒板に書かれた練習メニューに従って行われた。とはいっても、和山先生が書き上げた練習メニューは年間を通してほぼ変わりがなかった。整列して黙想―練習訓の唱和―準備運動―寝技の反復練習―寝技乱取り―立ち技の打ち込み―移動打ち込み―投げ込み―立ち技乱取り―技の研究―整理運動―整列して黙想、の順である。

2時間程度の稽古であるが、進行はキャプテンが行い、その間先生は注意も細かい指示もほとんどせず、ただじっと我々の稽古を見続けている。それでも、先生の大きな体と、無口で笑わずにじっと稽古を見続ける姿は、道場に強い緊張感をもたらした。時々「その技、良いね」と褒められる部員もいたが、私は年に数えるほどだったように思う。練習メニューが変わらないことで、我々は安心して全力を出すことができた。昨今、指導者の中には、練習内容が同じだと選手が飽きてしまうという人もいる。しかし、同じメニューをこなすことで、自分自身の進歩の度合いが分かりやすく、私には合っていた。

母校の岩手県立久慈高校
（卒業アルバムより）

和気あいあいの久慈高校柔道部員
（1年生時代。2段目中央が筆者）

国士舘大学時代の和山勇人先生
（右から2人目）

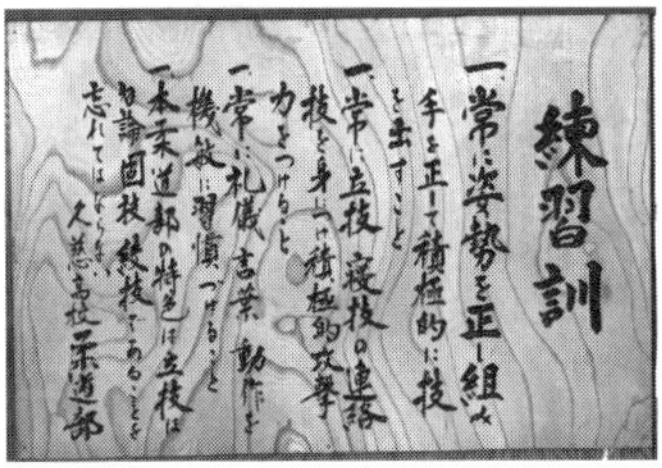

毎日の稽古は、和山先生の書いた
練習訓の唱和から始まる

毎日行われる「技の研究」の時間は、私の最も好きな時間だった。他の部員も同様で、稽古の後に居残って研究を続けることも多かったが、和山先生はそんな時でも道場の隅に腰かけて、帰らずに最後までじっと見ていた。「その技はこうするんだ」と先生が立ち上がるときは、よほど堪りかねた時だったように思う。

もちろん我々の質問には答えてくれたが、「ここから先は、お前らが自分で考えるんだな」というのが口癖だった。

久慈高校柔道部は、小柄な部員が多かった。そのため、和山先生は、寝技の強化が必要と考えたようである。多くの時間が寝技に費やされた。「寝技の進歩は、練習量に比例する」とよく言われ

稽古後は皆で技の研究

る。また、「寝技の強さは指導者の情熱に比例する」と言う人もいる。投げ技に比べて華やかさはないが、寝技の強化によって、我々は着実に強くなっていったように思う。

試合で勝ちたい

中学と高校の大会では、大きな違いがあった。当時の中学生の試合は、団体戦も個人戦も体重無差別で行われていたが、高校の個人戦は、3階級の体重別であった。一番軽いクラスは60キロ以下である。体重55キロの私にもチャンスが訪れたのであるが、まだそれほど勝負に対する貪欲さはなかった。

私が勝ちたいと心の底から思う出来事は、1年生の秋ごろに訪れた。部内の練習試合で、私は同級生に投げられ一本負けした。日頃の練習では、私の方に分があったので、負けるとは思わなかった。投げられたショックで道場の隅に座ってうなだれていると、すぐに先生に呼ばれた。叱られることを覚悟していた私に、先生は「柏崎、スランプだね。一生懸命頑張ると来るんだよ」と短く言った。生涯忘れられない言葉である。その時「試合で勝って先生の言葉に報いたい。そして、笑わない和山先生の笑顔が見たい」と思った。その思いは31歳で選手生活を終えるまで続いた。

　その日から、夕食前に自宅近くの土手を走ることにした。今でも帰省すると、当時のランニングコースを走るのが楽しみである。高校時代は、ずいぶんと走っていたように思っていたが、4キロに満たない短いコースである。このコースの中で、得意技の背負投の打ち込みをし、電信柱の間をダッシュしていたことを思い出す。夜のランニングは、場所こそ変われ、選手を辞めるまでほぼ毎日続いた。今では、ランニングからスロージョギングに変わってしまったが、私の健康管理には欠かせない生活習慣である。

高校2年生の筆者

　ところで、勝負にこだわり始めたものの、道場では先輩方の練習についていくのが精いっぱいだった。柔道部には、岩手県大会中量級2位と軽量級3位の実績を持つ先輩がいたが、到底歯が立たなかった。その私に試合で勝つヒントを与えてくれたのは、柔道家ではなく、テレビのインタビューに答えていた当時の読売巨人軍監督、川上哲治《かわかみてつはる》の言葉だった。川上監督が「強い者が勝つのではなく、勝った者を強いと言うのです」と話すのを偶然聞いた。

柔道の試合は決められた広さ、限られた時間の中で戦う。一本取るまで戦うのであれば、強い選手が勝つであろうが、限られた時間の中で、僅差であっても勝負を決めるというルールでならば、自分にも勝ち目はある。なぜなら、どんなに強い選手と対戦しても、相手に技を掛ける間も与えずに時間いっぱい攻め続けたなら、最後は僅差で勝てる。私にはランニングで鍛えたスタミナがある。力でも技でも勝てないが、技を掛け続けるスタミナなら負けない。一つでも相手より勝るものがあれば勝つことができる。川上監督の言葉からは、だいぶ飛躍しているかもしれないが、私にはそう語っているように聞こえた。

当時の高校生の試合は時間の延長はなく、はっきりしたポイントがない場合は、選手の攻撃動作を考慮して、判定によって勝負を決めるルールであった。私にも十分チャンピオンになるチャンスはあると妙に納得し、自宅の部屋の壁に「強い者が勝つのではなく、勝った者が強い人」「どんな名人も、技を掛けなければただの人」と紙に書いて貼り付けた。今でも実家の部屋には、当時書いた2枚の半紙が貼ってある。

ところで、それまで私は大きなケガの経験がなかった。それは、強引に技を掛けたり、頑張った

久慈高校柔道部の集合写真（筆者は、後列左から3人目で2年生。
前列左から5人目が和山先生）

りすることが少なかったからであろう。良くいえば、私の柔道スタイルは、軽く動き回り、体捌《たいさば》きで相手の技をかわす無理のない柔道であった。それが災いしたのか、合同稽古中に重量級の相手選手が、私のあまりの軽さに自らバランスを崩して前のめりに倒れてしまった。その相手の体の下に私の腕が挟まり肘を骨折したのは、間もなく2年生になろうとしている3月のことである。人生最初の大ケガであった。実はその後の高校生活で、同じ肘の骨折を2度経験し、3度の手術を受けることになる。ところが、このケガが私を世界チャンピオンに導く大きな要因になったことに後で気づく。

寝技で勝つ柔道

第１章_抑込技の基本_01_
抑込技の基本と連絡変化04__
上四方固

寝技で勝つ柔道

第１章_抑込技の基本_01_
抑込技の基本と連絡変化05__
上四方固の連絡変化

柔道の虜《とりこ》になる（2）

人生を振り返った時、「塞翁《さいおう》が馬《うま》」の諺《ことわざ》にうなずくことは多い。私は高校1年も終わりかけたころ、稽古中に右肘を骨折した。乱取りのできない焦りもあって、夜のランニングやトレーニングの量を増やし、単独での打ち込みを工夫し、技の研究に時間を費やした。

新たに取り入れたのは、授業中に試合の流れを想定して、相手との駆け引きをノートに書き綴《つづ》ることだった。この習慣が、私の選手生活を支えてくれたと今思う。もっとも、このことで学業成績は極端に落ち始め、心配になったクラス担任は、柔道部監督の和山勇人先生に相談したと聞いた。いつの間にか、私は完全に柔道の虜になっていた。

イメージトレーニング

柔道のことを考えるのは子どもの頃から好きだった。当時流行《はや》りのテレビドラマ「柔道一代」や「柔道一直線」を見ては、私も何か必殺技が作れないものかといつも思っていた。もちろん、稽古中に自作の技を幾度も試したが、下になっているのは私の方だった。この頃の技に対する興味は今日まで続いている。

ところで、今でこそメンタルトレーニングやイメージトレーニングという言葉がよく使われるが、私の時代には、それほど一般的な言葉ではなかった。しかし、言葉が使われないから行われなかった訳ではない。それは、ごく普通に多くのスポーツ選手が試みた練習方法の一つであったと思う。私も試みた一人である。

私のイメージトレーニングは主に授業中に行われた。その方法は、まずノートに対戦相手の身長と体重、組み方と得意技を書く。次いで「礼」と書いて試合開始である。例えば、右の相四つの選手の場合は「右に動きながら片襟をつかむ↓一本背負を掛ける↓掛からない↓立ち上がってまた一本背負を掛ける↓掛からない↓立ち上がって一本背負と同じ入りから大内刈に変化する↓相手が尻もちをつく↓右足をまたいで横四方固に入る↓相手が体を捻《ひね》って反対に逃げる↓またいで縦四方固に変化↓相手がブリッジして逃げる↓十字固に連絡して一本勝ち」という具合である。

このように書いてしまえば短いが、この動きと作戦をじっくり考えながらイメージしてゆくと、少なくとも10分以上はかかる。一つの大会で優勝するためには5、6回は戦う必要がある。ノートの上での決勝を戦い終え、私が優勝すると、次はノートに表彰状を作成する。文面は、道場に掲げられている表彰状を見て既に暗記している。書き終えた表彰状に消しゴムで作った印鑑を押して完成。表彰式に臨む。その後は、岩手を代表する新聞社、岩手日報社のインタビューに答えなければならない。最後には、和山先生への感謝を述べる言葉をイメージして一つの大会が終わる。この繰り返しを1年以上続けていると、いつの間にか、完全に自分の世界に入り込み、周りが見えなくなり、体を動かしてもいないのに呼吸は乱れ、汗も出始め、授業をする先生の声も聞こえなくなる。

時には、相手の技を捌くイメージと共に体も動き、前の席を蹴飛ばすこともあった。たびたび先生に叱られたが、次第に先生も私を無視するようになり、学業成績は下がった。

当時は、「その気になれば勉強はどうにでもなる」という根拠のない自信があったように思う。もっとも「やればできる」の思いは「やっていない証明」であり、柔道同様に言い訳であることは、後にしっかりと身に染みることになる。授業に集中することはまれであったが、夜のランニングと相手をイメージした単独練習は休むことなく続けた。この他にも、試合前の過度な緊張は、試合が年に数回しかないのが原因だと考え、毎日寝る前に試合場に立つことをイメージしたり、自分の実力では勝てない格上の相手と戦うときに、いかに狂って120%の力を出せるか真剣に考えていた。これらの努力がどれほど試合に役立ったのかは別として、勝利へのイメージは着実に付いていったように思う。

授業中はイメージトレーニングに
夢中だった

また、ランニングの途中、校庭の鉄棒を利用しての肘のリハビリは、後に引きつけの練習に代わり、私の得意技である寝技に必要な筋力の強化につながった。

私は2年生の5月、市民柔道大会で2度目の肘骨折をして手術を受けた。ケガによって乱取りのできない時期が長かったことが、授業中のイメージトレーニングと夜のランニングと単独練習に拍車をかけたのは事実である。

デビュー戦

2年生の秋、岩手県新人大会が開催された。私にとって初めての県大会レベルの試合であった。私はノートに書いた作戦通り、ひたすら技を掛け続け、倒れた相手を寝技で攻めて決勝まで勝ち進んだ。ところが、決勝戦では想定外の絞め技で気を失い敗れてしまう。この大会、団体戦は優勝校に準々決勝で敗れベスト8であった。個人戦と団体戦の私の試合成績は、7勝1敗2分けである。

夜のランニングも授業中のイメージトレーニングも無駄ではないことを確信した私は、次の日から以前にも増して柔道にのめり込んでゆくことになる。もちろん学業成績はさらに下がった。

高校3年生になると身

足の指の骨折を押して出場した
岩手県総体での筆者

県立久慈高校の柔道部員（前列右から3人目が3年生の筆者、4人目が和山先生）

長は167センチに伸び、体重も58キロまで増えた。

1969（昭和44）年6月1日、岩手県高校総体が開催された。この大会でも、私はノートに書いた作戦通りひたすら技を掛け続けた。スタミナにも寝技にも自信があった。結果は個人戦優勝、団体戦ベスト8という成績であり、体重無差別で行われる団体でも4戦4勝することができた。個人戦優勝の後、私は予定通り和山先生のところに駆け寄って「ありがとうございます。お陰で勝つことができました」と礼を述べた。先生は一言「良かったな」と言ってすぐに立ち去った。新聞社のインタビューもなかったが、表彰状の文面だけは、ノートに書いたものと同じだった。

全国高校総体柔道競技は8月4日、群馬県渋川市で開催された。私はこの大会の数日前から軽い風邪《かぜ》をひいていた。私自身の生活管理の問題である。和山先生には絶対知られないように隠していたが、夕食の時「これを飲んで寝ろ」と風邪薬を渡されたときは驚いた。その後、先生は「俺は外で食事をする」と言って出掛けた。この全国大会は、先生と私だけの旅だった。汽車の中でも、宿でも2人きりで多少、息の詰まる思いがしていた。先生はそれを察してくれたのだろうとは、言葉の雰囲気から高校生の私でも理解ができた。

ところで、私のイメージトレーニングは県大会止まりであり、全国大会で優勝することは夢にも考えなかった。その結果、予選リーグ1勝1敗1分けという成績で、決勝トーナメントに進むことができなかった。全国大会は別の世界の出来事のように考えていた私にとって、当然の結果であったろう。

全国高校総体の個人戦、寝技で攻める筆者（右）

8月末、県民体育大会が開催された。国体や東北大会の岩手県予選である。この県民大会で久慈高校柔道部は団体戦（体重無差別の5人制）で決勝まで勝ち進む。決勝で敗れはしたものの、平均体重63キロにも満たない小兵チームとしては上々の結果だったように思う。

県大会上位4校は、東北大会に出場する権利を得る。久慈高校柔道部にとって初めての東北大会出場であった。東北大会は翌年の第24回国民体育大会柔道競技の開催地、地元久慈市で国体のリハーサル大会として行われた。私は地元の選手ということで選手宣誓を行い、私の母は初めて柔道の

県民体育大会で準優勝した久慈高校柔道部
（表彰状を持つ筆者）

軽量級ばかりの仲良し柔道部
（最上段右が筆者）

試合を見ることになる。その試合で、私は相手の掛けた腋固《わきがため》によって3度目の骨折をして救急車で病院に運ばれる。

母は、高校入学時から柔道をすることに賛成ではなかったが、このケガを目の当たりにして、柔道がますます嫌いになったようである。この後に訪れる進学問題での対戦相手は、もっとも手ごわい母親であった。

東北大会の開会式で選手宣誓をする筆者

寝技で勝つ柔道

第１章_抑込技の基本_01_
抑込技の基本と連絡変化06__
縦四方固

寝技で勝つ柔道

第１章_抑込技の基本_01_
抑込技の基本と連絡変化07__
袈裟固～肩固

柔道の虜《とりこ》になる（3）

「他人（ひと）にものを教えたいという教育欲は、食欲や性欲のように、人間の持つ一つの本能である」という人がいる。もしもこのことが事実としたなら、教師は本能のままに教えるのではなく、十分に吟味したうえで工夫を凝らし、その知識を伝える必要がある。まして、教育者になろうとする人は、教育欲の強い人であろうから、なおさらである。久慈高校柔道部監督の和山勇人先生は、柔道家としての技術も知識も豊富であったが、決して技を押しつけず、僅かなヒントを与えては生徒自らが考えることを促し、じっと見守る指導方法を用いた。そのことで我々柔道部員は先生の指示を待つことなく、自ら工夫することを楽しみ、自ら進んで稽古することに喜びを見いだした。多くの柔道部員が、稽古の後も道場に居残って技の研究をしていたのは、その証しでもある。

弁論大会

和山先生の「見守る指導方法」によって、久慈高校柔道部は岩手県大会の団体戦で決勝まで勝ち進む強さを身につけた。また、東北大会にも出場して柔道部の新たな歴史も作った。

8月の東北大会が終わると試合もなくなり、進路を決定する時期となる。柔道に夢中になり学業成績がガタ落ちした私にクラス担任は冷たかった。もっとも、冷たいのはクラス担任ばかりではなく他の先生方も同様で、授業中まで「柔道ノート」を書き続ける私の態度にはあきれていたように思う。そのような中で、私は先生方やクラスの仲間に成績の下がった言い訳と共に、掃除当番もせずに夢中になった2年半の部活動のことを知ってもらいたいと思っていた。9月末、思いがけずその機会は訪れた。文化祭の弁論大会である。

私はクラス代表に選ばれた。私以外に立候補したものがいなかったからである。その後、学年予選を通過した私は、久慈地区の高校生が集まる弁論大会で、柔道の魅力と、和山先生の指導者としての情熱を熱く語り、最後は大学を卒業して母校の教員になって戻ってくると締めくくった。途中でタイムオーバーのベルが何度も鳴ったが、賞をもらうことが目的ではない私は、ベルの音を無視して思いのたけを夢中で述べた。入賞は絶対ないと思い柔道場で寝ていると、仲間が呼びに来た。3位の賞状をくれるという。柔道以外で手に入れた生涯唯一の賞状となった。

進路を決める

全校生徒の前で教員になると言った以上、進学先を探して受験勉強をする必要があった。

私の前の柔道部主将の岡野《おかの》利和《としかず》先輩は、和山先生に国立岩手大学合格の報告をした時に「そうか、お前は幼稚園から大学まで岩手県から出ないのか」と言われて、東海大学の海洋学部海洋土木工学科に進路を変更した。岡野先輩はその後、海洋土木の専門家の道を歩み、２０１１年3月の東日本大震災では、湾岸工事のエキスパートとして、復興事業でも大活躍をしている。私と岡野先輩とは、幼稚園から高校までずっと一緒だった。

とりあえず私も東京の大学を探す必要があると考えた。もちろん私レベルの選手に大学からの誘いはない。和山先生に相談したが、積極的に大学を紹介してもらえる雰囲気はなかった。58キロの体重と167センチの身長、3度の骨折で腕の曲げ伸ばしが自由にならない私に、柔道で活躍することは難しいと考えていたのではないかと思う。同時に、私の母親が柔道を続けることを望んでいないと担任から聞かされていたとも考えられる。

文化祭の弁論大会で将来の夢を語る高校3年の筆者

困った私は、東海大学に進学した岡野先輩に相談した。すると、東海大学では、3年前の昭和42（1967）年4月に体育学部体育学科が開設され、翌年には武道学科も設置され、本格的に柔道部の強化が始まったことを教えてくれた。また、佐藤宣践《さとうのぶゆき》という有名な先生が指導しており、これから柔道部は伸びるであろうとのアドバイスも受けた。私はその情報と、最初に柔道を教わった久保正太郎先生の住居がその大学からさほど遠くないという理由で、東海大学の受験を決めた。学科は体育学科

高校3年生、修学旅行での筆者

大学進学のアドバイスを受けた岡野先輩（上）

である。高校の教員を目指すのであれば、武道ばかりでなく、幅広く体育全般について学ぼうとしたのがその理由であったが、まさか柔道部員のほとんどが武道学科だとは知らなかった。和山先生は、岡野先輩同様に「これから伸びる大学だと思う。監督の佐藤先生は寝技が上手《うま》いから、お前の柔道と合うだろう」と励ましてくれた。

東海大学体育学部の一般入試は２月上旬であったように思う。試験は学科のほか、２種目の実技を選択することになっていた。私は、１５００メートル走と柔道を選び受験することにした。柔道の実技は肘のケガによって思うようにできなかったが、１５００メートル走は多少の自信があった。もっとも、柔道の実技試験では、対戦相手の柔道部員が私の肘のケガに気を使ってくれたように思えた。柔道部に所属していた岡野先輩が裏で話を付けたのかもしれない。間もなく合格通知が届いた。通知が届いた後も、母は浪人して大学を受け直すことを勧めたり、東京の大学に進学していた親戚をわざわざ帰省させて、私の説得を試みたりもした。しかし、私の頑固さと、私の姉が教員をしていた大学が東海大学に近かったことで最後はあきらめたようである。

1981年の世界選手権大会優勝の報告に和山夫妻宅を訪問した筆者（右）

高校教師の魅力

卒業間近になって、和山先生の転勤の噂《うわさ》を聞くことになる。3年生全員で、先生の家に伺って確かめると、父親が病気なので実家に近い高校に転勤するという。皆で泣きながら帰路に就いたことを思い出す。

和山先生は、4月に青森県との県境にある県立高校に転勤したが、そこでも柔道部を県下トップクラスに育て上げた。県立高校の教員には転勤がつきものだが、赴任した先々で、全国大会に出場する選手を育てた和山先生の指導力には尊敬

いつも笑顔で教え子を歓迎する和山先生夫妻

の念しかない。

後日談になるが、私は大学卒業後、茨城県の県立高校の教員となり柔道部の指導をすることになる。その高校の教え子の中で、最初にインターハイに出場した生徒の初戦の相手が、和山先生が指導している生徒だった。対戦表を見たときに先生との不思議な縁を感じたものだが、試合当日のことも私の良い思い出である。試合会場で先生は会うなり「うちの選手は弱いよ。お前の選手はどうなの。何を掛けるの」と、さらりと聞いてきた。思わず「巴《ともえ》投げから寝技です」と言いそうになったが、慌てて「うちの選手は強いですが、まだ得意の技はありません」と答えると、先生はニヤリと笑って離れて行った。

その試合、私の指導する生徒が勝った。試合の後、先生に挨拶しに行くと「強いな。今日は泊まろうと思っていたが、初戦で負けたので今から帰る。これは必要なくなった宿泊費だ。生徒に美味《おい》しい物でも食べさせたらいいよ」と言って封筒を差し出した。和山先生独特の言い回しと優しさは真似《まね》ができないが、私にとって憧れの教師像である。

ところで、部活動を指導する教員には日曜日も夏休みもない。むしろ授業が休みの時ほど忙しい

和山先生（前列右から3人目。その右隣が筆者）を囲んで
思い出を語る会（2012年、久慈高校柔道部OB会）

のが部活動の顧問である。当然、家族の理解がなければ勤まる仕事ではない。和山先生の奥様の妙子《たえこ》さんも先生の理解者であると共に、私たち柔道部の応援団長でもあった。奥様は、私たちを自宅に招いてご馳走《ちそう》したり、たびたび差し入れもしていただいた。私が大学に入学した年の夏には、柔道部の同級生全員に奥様手作りの浴衣が届いた。社会人になってからは、仲間たちと先生の自宅に押し掛け、酒を酌み交わしながら朝まで高校時代の思い出と、職場の愚痴をこぼすこともあった。先生が途中で寝入ってしまっても、奥様は最後まで我々に付き合ってくれた。私の柔道部の同級生は、縁あって私の妹と結婚したが、その時の媒酌人も和山先生ご夫妻である。いつまでも変わることのない師弟の関係を築くことができたことは、我々教え子にとってこの上ない幸せである。

高校時代の級友たちとの友情は今も続く（2列目左から4人目が筆者）

寝技で勝つ柔道

第１章_抑込技の基本_01_
抑込技の基本と連絡変化08__
後袈裟固

寝技で勝つ柔道

第１章_抑込技の基本_01_
抑込技の基本と連絡変化09__
浮固

指導者の道を目指す（1）

私の母校、東海大学が体育学部を新設したのは1967年である。その翌年、体育学部の中に武道学科を設置して本格的に柔道部の強化が始まった。監督に抜擢《ばってき》されたのは、67年に開催された世界選手権大会93キロ級の覇者、佐藤宣践氏である。佐藤氏は寝技の名手として名を馳《は》せ、後に山下泰裕選手をはじめとして多くの世界チャンピオンや五輪メダリストを育てた。新生柔道部の師範には、柔道界の重鎮で後に十段となる小谷澄之《こたにすみゆき》氏や昭和39年の東京五輪金メダリスト猪熊功《いのくまいさお》氏らも名を連ねていた。そうそうたる指導陣である。

70年3月、私はその東海大学へ柔道衣2着と友人から譲り受けた上下のジャージーを持って岩手県を旅立った。目指すは教員資格の取得と、柔道選手としての可能性への挑戦である。

佐藤宣践先生との出会い

現在、故郷の岩手県久慈市から神奈川県平塚市にある東海大学湘南《しょうなん》校舎まで電車で6時間ほどである。しかし当時は、夜行列車を利用して約16時間を要した。

柔道部の合宿所は大学の近くにあり、私はそこに入居することになっていた。一般受験生の私が、全国的に活躍した選手たちが生活する合宿所に入れたのは、単に合宿所に空き部屋があったからであろう。なぜなら、新生柔道部ができて3年目であり、まだ全学年が揃ってはいなかった。もちろん、1年後に合宿所に残れる保証はない。

木造2階建ての合宿所は、6畳間が18室と食堂、共同のトイレと風呂があった。最上級生の3年生4人は個室であったが、新入生15名と2年生13名は相部屋である。私は宮崎県出身の甲斐という同級生と同室になる。北国育ちと南国育ちの2人は、方言丸出しで時々会話が通じないこともあったが、それを楽しんだ。

監督の佐藤宣践先生と会話したのは、合宿所に到着して間もなくのことである。今となっては何を話したのか記憶にないが、特別な緊張感もなかったことを覚えている。なぜなら、先生の優しい言葉遣いと、佐藤先生がどのような経歴の持ち主なのか、当時の私には深い知識がなかったからであろう。東京オリンピックの金メダリスト猪熊功でさえ、どこかで聞いたような気がするといった程度の田舎者であった。

佐藤先生は1944年1月、北海道函館市生まれ。父は北海道学芸大学（現北海道教育大学）の教授であった。小・中学は北海道学芸大学附属に進み、高校は進学校である函館中部高校へ。卒業後は4歳年上の兄（宣紘）の影響を受け、同じ東京教育大学体育学部（現筑波大学）に進学している。柔道との出会いは中学生の時だが、本格的に打ち込んだのは高校入学後であったという。大学卒業後は、当時の実業団柔道の強豪である博報堂に入社。入社した66年に全日本選抜体重別選手権大会で2位、翌年は全日本選手権大会で準優勝して一躍注目され、その年、米国のソルトレイクシティで開催された世界選手権93キロ級で優勝している。佐藤先生が東海大学の指導を始めたのは69年1月。私が入学する1年3カ月前であるが、この年は大学闘争の象徴的事件である東大安田講堂事件が起こった年でもある。

佐藤先生は、東海大学柔道部の監督に就任するにあたり、二つの目標を掲げたと述べている。一つは自身が全日本選手権で優勝することであり、もう一つは柔道部を学生日本一に育てることである。後に、いずれの目標も成し遂げる。

入学当時の東海大学湘南校舎の武道館

400畳の柔道場に圧倒される

恩師の背中を見て学ぶ

私が入学した当時、佐藤先生は26歳で現役選手として真っ盛りであった。朝のトレーニングも、午後の稽古も先頭を切って学生以上に真剣に取

大学1年の筆者

り組んでいた。当時、私が佐藤先生にアピールできる唯一のことは、朝のトレーニングの最初の種目である徒競走を先頭で走ることだけであった。このランニングコースは、野球場の周りを走った後、10階建ての校舎の屋上まで続くらせん状の通路を屋上まで駆け登って戻ってくる2キロほどの短いものである。折り返しコースなので一緒に走っている佐藤先生とは必ず何処《どこ》かですれ違うことになる。先生は私とすれ違う時に、必ず目を合わせて無言で褒めてくれた。それが嬉しくて、入学時から卒業するまでこの順位だけは誰にも譲らなかった。

大学紛争は、1年遅れで東海大学にも飛び火してきた。学生デモで授業のない日が続くと、柔道部員は1時間半ほどかけて東京の警視庁武道館や講道館での合同稽古に足を運んだ。その出稽古でも、先生は誰よりも多くの汗を流していた。私は学生時代、先生から手取り足取り技を教えていただいた記憶はさほどない。ただし、世界チャンピオンの稽古の凄さを目の当たりにして、この練習に付いていったなら、我々もいつか日本一になれるのではないか、と思わせてくれた。「俺の背中を追いかけてこい」。これが当時の佐藤先生の指導法であったと思う。それにしても、柔道に対する先生のストイックさには驚かされた。「生活の中のトレーニング」と称して、駅の階段は1段飛ばしで上がる。坂道の多い大学へは、汗をかきながら自転車をこいでやってくる。タバコはもちろん酒も飲まない。ある時、出稽古の電車の中で両手で頭を押さえている先生に「頭痛ですか」とそっと聞くと、「バカ、今、首を鍛えているんだ」と怒られた。

佐藤宣践先生（左）が得意の体落を決める
（1973年、スイス・ローザンヌでの世界選手権大会）

朝トレは、10階建て校舎のらせん通路でのランニングから始まる

佐藤先生が目標に掲げた自身の全日本選手権優勝がかなったのは、私が大学を卒業した翌月の74年4月のことである。この時、佐藤先生は30歳、既に選手としてのピークを過ぎていた。その上、その年の1月から風邪をこじらせて体調を崩し、十分な稽古もできなかった。試合当日、日本武道

館で見る佐藤先生の動きは、私の知る先生の動きではなかった。それでも、大方の予想に反して決勝まで勝ち進んだ。決勝は二宮和弘選手（福岡県警）であった。一進一退の攻防できわどい勝負であったが、判定の結果、佐藤先生の初優勝が決まった。終始、決して華やかな試合ぶりではなかったが、なぜか佐藤先生らしいなと私は思った。

後日談であるが、私は佐藤先生に聞いたことがある。「失礼ですが、あの年はどのマスコミも、我々でさえも、先生の優勝を予想することも期待することもできませんでした。先生自身は優勝できると思っていましたか」。佐藤先生は、私の顔をじっと見て低い声で「柏崎、誰が期待しようがしまいが、俺は自分に期待しなかったことはないぞ」と短い答えが返ってきた。どんな状況でも自分を信じる強さは、他人には知ることのできない先生自身の努力から来たものだろうと思えた。

ところで、大学1年の私には何の目標も見えなかった。慣れない共同生活の中で、先輩の柔道衣洗いやマッサージ、食事当番、風呂当番などの雑用で毎日が過ぎていくような日々であった。誰でも出場できる講道館の「月次試合初段の部」は、授業のある平日に開催されるため申し込みもできなかった。私ができたことは、朝のトレーニングを1番で走ることと、先輩からウオーミングアップのための稽古相手に指名されないように相手の嫌がるしつこい稽古をすること、さらには伸びない肘のリハビリを兼ねて稽古帰りにグラウンドにある鉄棒にぶら下がり懸垂をすることだけだった。

弱かった私だが、大学1年の時に一度だけ小さな大会に出場している。70年10月に開催された渋谷区民柔道大会初段の部である。東海大学の本部は渋谷区にあるため、出場が可能だったようである。もちろん、私が佐藤先生に期待されたのではなく、初段の柔道部員がいなかったのが選ばれた理由であろう。体重無差別の試合であったが、体重58キロの私は6勝して優勝した。5勝が寝技での一本勝ちだった。今でも、この時の賞品だった小さな盾が一つだけ本棚の上に飾ってある。

1974年、全日本選手権で優勝した佐藤宣践先生

渋谷区民大会初段の部で優勝してもらった小さな盾

ところで、この大会は、東京都の段別大会の予選でもあった。都の大会では、明治大学のレギュラー選手と戦い僅差の判定で敗れたが、佐藤先生が「バランスの良い柔道だな」と言ってくれた。私の柔道を初めて心に留めたのがその試合だったと、後になって聞いた。それまでの私に対する印象は、陸上選手のように足が速く、いつも朝のトレーニングを1番で走っている痩せて小さな選手だったようである。

寝技で勝つ柔道

第１章_抑込技の基本_02_脚の使い方

寝技で勝つ柔道

第１章_抑込技の基本_03_脚の抜き方

指導者の道を目指す（2）

丹沢おろしに向かい立つ　我等が五体は燃え上がる　若き命をスポーツに
　賭けたるここは体育塾　賭けたるここは体育塾
富士の白雪望むれば　心に満つる晴朗の　若き命を学問に
　賭けたるここは体育塾　賭けたるここは体育塾
日の本一の人となり　建学の理想突き進む　若き命の純粋さ
　あふれるここは体育塾　あふれるここは体育塾

大学での2年間を過ごした「体育望星学塾《ぼうせいがくじゅく》」、通称、体育塾の塾歌である。作詞は当時、柔道部員で塾生だった橋本敏明氏（現東海大学付属甲府高校理事長）である。私はこの体育塾で思想を培った。

体育望星学塾

大学1年が終わろうとしていた頃、私は柔道部監督の佐藤宣践先生から柔道部合宿所を出るようにと宣告された。合宿所を出ることは選手から遠のくことを意味する。予想していたことだったが、ショックは大きかった。合宿所を出るにあたり、佐藤先生が勧めてくれたのは体育望星学塾という運動部員が共同生活するスポーツ寮であった。１９７６年に開設したこの塾には、過去に数名の柔道部員も世話になったという。

入寮するために簡単な面接試験があったが、佐藤先生の推薦ということで無事に合格し、3月早々にはリアカーに荷物を乗せて合宿所を出ることになる。坂道の続く体育望星学塾までリアカーを押してくれたのは、新入部員だった野瀬清喜《せいき》（現全日本柔道連盟副会長）だった。後に彼とは共に世界選手権の舞台に立つことになる。

体育塾は、大学が運営する3階建ての立派な宿泊施設だった。1階には管理人室と会議室、そして大きな風呂場があり、2階は運動部やサークルが合宿するときに利用した。3階が体育塾塾生の宿泊スペースで、12畳の和室が9部屋あった。いずれも指導上級生と呼ばれる3年生1名と2年生3名の相部屋で、同じクラブ員が同室になることはなかった。また、1年生と4年生は入塾することができなかった。

入塾して驚いたのは、スポーツ寮にありがちな先輩・後輩の厳しさが全くなかったことである。塾生の一人ひとりが、あたかも自分が所属するクラブを代表してこの塾に来ているかのようなプライドと責任感を持って生活していた。当時の東海大学では、柔道部や野球部、体操部などいくつかの運動部にしか専用の合宿所がなかった。ここで生活する塾生は合宿所を持たない運動部の幹部候補であり、各部からの推薦を受けて入塾しているという。私が想像していた運動部の落ちこぼれが集まるのとは真逆の寮であった。

筆者が入塾していた頃の体育望星学塾

体育塾の寺澤豊志先輩（右）との自主トレーニング

体育塾のシンボルマーク、ひまわりがついたジャージーを着た仲間たち（下から2人目が筆者）

全日本ジュニア選手権で準優勝した時の記念写真（体育塾の屋上で、１９７１年）

入塾式で初めて知ったが、この体育塾は、東海大学の創立者、松前重義《まつまえしげよし》氏の肝いりで、大学の理想である文武両道の学生を育てることを目的に造られたという。したがって大学からの資金援助も多く、塾費は朝夕の食事代に光熱費程度であったように思う。また、大学の学生課の管理下にあったものの、全てが学生の自治に任されており、塾生が計画した行事には大学から予算も付けられていた。

塾生の所属する学部も体育学部より他学部の学生が圧倒的に多かった。私とほぼ同年代の体育塾ＯＢのその後を見ても、国際武道大学の学長を務めた蒔田《まきた》実氏（剣道部ＯＢ、元世界チャンピオン）や全日本空手道連盟常任理事の前田利明氏（元世界チャンピオン、東海大学空手部監督）、神奈川県議会議員の松田良昭氏（少林寺拳法部ＯＢ、元県議会議長）、元東海大学工学部主任教授の平田弘志氏（準硬式野球部ＯＢ）など、数多くの塾生がさまざまな分野で活躍している。

初めての全国大会入賞

体育塾は柔道部の合宿所とは違い、雑用がなく柔道に専念できた。私は高校時代同様、寝る前に一人で走り、体育塾の屋上の貯水槽にゴムチューブを巻き付け、一人で「打ち込み」を始めた。若手選手の登竜門と言える全日本柔道ジュニア選手権大会が開催されたのは、私が大学に入学した昭和45年である。この大会は各地区の予選を勝ち抜いた20歳未満の選手が対象で、入賞者は全日本強化選手に指定される。

大学2年の春、私はこの大会の東京予選に出場するチャンスを得た。上位4名が全国大会に出場することができる。体育塾に入塾することで生活のリズムを取り戻した私は、走り込みで得たスタミナを頼りに高校時代同様にひたすら攻め続け、どうにか3位で全国大会への切符を手にした。

全国大会までの約1カ月間、高校時代同様にノートに試合の流れを書き、夜のランニングと一人打ち込みを続けた。その結果、決勝に進出することができた。決勝の相手は南喜陽《よしはる》選手（新日本製鉄）である。私の年代のインターハイチャンピオンで、すでに全日本強化選手だったが、当時の私はそれすら知らなかった。南選手とは実力に大きな差があった。得意の寝技になったが、関節技で一本負けをする。

敗れはしたものの、当時の私の実力からすれば出来過ぎの結果であったろうが、それでも帰りの電車の中でまともな投げ技もなく、ただがむしゃらに攻め続けるだけの私の柔道には限界があると感じたことを覚えている。その日の日記には、「高校時代の得意技であった背負投を肘のケガによって使えなくなったことで、相手に背を向けない柔道スタイルになり、そのことが得意の寝技を活《い》かせた原因であろう」と書かれている。

今になって思うと、マラソン選手のように細い私の脚では持久力はあっても、相手を背負って担ぎ上げる脚力はなく、背負投が私に適していたとは思えない。子どもの頃から得意としてきた背負投を思い切って捨てることができたのは、まさに怪我の功名である。

ところで、同じ日記に「20歳以下で2位なのだから、これから先、年下の選手に負けずに南選手を破ることができれば日本一にもなれるはずだ」とも書かれている。実際には、南選手を破るまでにそれから6年の歳月を要したが、年下の同階級の選手には一度も負けずに選手を引退することができた。

この第2回全日本ジュニア選手権では、東海大学柔道部から私を含む3名が入賞して柔道部で初めて全日本強化選手の末席に座ることになる。

数日後、故郷・岩手県久慈市の三船記念館時代からの恩師、久保正太郎先生から手紙が届いた。手紙には「戦歴を意識せず我に徹せられたし。苦しみは自分を過大評価する時にあって、喜びは自分を大切にした時に生まれる。戦いは人の目を意識した時に敗れ、戦いは自己に忠実に尽くした時に勝利を生む」と書かれてあった。

青春体育塾

それにしても、なぜ私が全日本の強化選手になり、その後、世界の頂点に立つことができたのかは今もって不思議であるが、その要因の一つに体育塾での生活があったことは確かである。体育塾の36名は所属クラブが違うことで誰もが素直に仲間を尊敬でき、互いに心を許すことができた。また、体育塾の屋上は、夜になると黙々と一人で練習に打ち込む塾生であふれていた。テレビの持ち込みが禁止されていることも塾生の対話を活発にした。だれもが共通の話題を求め、だれかが「良い本だ」と言うとそれを回し読みし、「良い歌だ」と言うと皆でその歌を覚えた。週末には政治から恋愛まで熱く議論した。

特に私にとって有意義だったのは、スポーツの価値についてさまざまな考えを聞くことができたことである。私自身、スポーツの価値についてはその年代や環境によって考えが変わってきた。しかし、その都度、情熱を注ぐに値するものだと信じる答えを見つけることができたのは、体育塾での議論があったからに他ならない。

ところで、体育塾の黒板にはメッセージが書いてあった。だれが書いたのか、何かの引用なのかは分からないが、当時の塾生の思いが伝わってくるので紹介したい。

「我々は価値の創造者とならなければならない。それこそ情熱に身を焦がし、いつも全身でそれを表現しなければならない。我々は時として幼くても良い。しかし大人であれ。たえず怒れ。そして多感に涙しよう。矛盾だらけの中の不可思議な調和、それが体育塾の青春である」

体育塾は私にはぴったりと合った環境であった。しかし、よく考えてみるとこの環境を与えたのは佐藤先生である。柏崎の性格ならば柔道部合宿所より体育塾の環境が適していると考えたのではないだろうか。佐藤先生から推薦を受けて体育塾に入塾した柔道部の先輩たちは、私と似たようなタイプが多かったのも偶然ではないと思う。

この環境が気に入った私は、指導上級生としてさらに1年、体育塾に留まることになる。

体育塾で同期の川城健（左端）とは後に国際武道大学で共に教鞭（きょうべん）をとる（後列中央が筆者）

指導上級生として体育塾に残る（2列目右端が筆者）

年の近い者たちが集まっての体育塾OB会（後列右端が筆者、2016年）

寝技で勝つ柔道

第１章_抑込技の基本_04_
腕をくくっての攻め方

指導者の道を目指す（3）

「常に新たな知識や技術を学ぶことに貪欲であれ」とか、「好奇心は最大のエネルギー源である」などと多くの人が言う。もちろん柔道の世界も例外ではない。先達の優れた技や、その時代の一流選手の技を学ぶことは言うまでもないが、他の武道やスポーツから学ぶことも多い。特に同じ格闘技であるレスリングや相撲、あるいは旧ソビエト連邦（ソ連）発祥の格闘技であるサンボなどには共通点も多く、近年の全日本強化合宿などでもそれらを取り入れた練習が行われている。当時、東海大学柔道部監督で現役選手だった佐藤宣践先生も柔道に役立ちそうなことは自ら何にでも挑戦し、我々学生にも積極的にそれを勧めた。

他の格闘技に学ぶ

大学2年になり、20歳未満の全国大会である全日本ジュニア選手権大会で2位になったものの、その後は何一つ結果を残すことができずにいた。私の実力はジュニアの枠を超えるものではなかった。2年が終わろうとしていた頃、監督の佐藤先生からレスリングの試合に出てみないかと声を掛けられた。

そのころ、東海大学の武道館の地下では、出来立てのレスリング部が少人数で練習をしていた。時々、興味半分に練習させてもらっていたが、真剣にルールを学んで試合に出してもらった。レスリングパンツとシューズには最後までなじめなかったが、下半身の攻撃に対する防御やレスリング独特の体捌きには学ぶことが多かった。次に佐藤先生が勧めたのは、ソ連の格闘技サンボだった。

第1回全日本サンボ選手権大会が開催されたのは、1966年3月6日のことで、その大会の優勝者の中に佐藤宣践の名前を見つけることができる。8階級で行われたこの大会の出場者は、レスリング選手55名、柔道選手21名、相撲2名、合気道1名である。参加人数こそ少ないものの、レスリングでは吉田嘉久《よしだよしひさ》（65年世界選手権1位）、花原勉《はなはらつとむ》（64年東京五輪1位）、柔道では関勝治《せきかつじ》（61年全日本体重別選手権中量級1位）など、当時のトップ選手も出場している。試合結果は、軽いクラス4階級をレスリング選手が、重いクラス4階級を柔道選手が制している。柔道界のトップ選手が参加しているのは、台頭し始めたソ連柔道の基礎をなすサンボを学ぼうとする積極的姿勢の表れであろう。

ソ連の国技サンボは、民族格闘技の技術に日本の柔道技術を加味して、38年に全ソ体育スポーツ委員会が意図的につくり上げたといわれる格闘技である。したがって柔道との共通点も多く、柔道選手が取り組むのに違和感がない。また、関節技や捨身技はそれまで学んだ柔道の技とは違う点も多く、私にとっても大いに役立った。

72年7月14日、国立代々木第2体育館で第4回全日本サンボ選手権兼国際大会が開催された。62キロ級に出場した私は十字固だけで決勝まで勝ち進む。決勝の相手は全ソ連チャンピオンのコジッ

若さを競い合う。左から監督兼現役選手の佐藤先生、
筆者（大学4年）、後輩の五月女欣也

キー・ニコライであった。決勝では巴投で2度相手を投げたが、その後、膝十字固という サンボ独特の技で逆転負けする。敗れはしたが、この試合で小内刈から巴投に入るタイミングを体得することができたのは私にとって大きな収穫だった。この技が、後に「振り子巴投」と呼ばれる私の最も得意な投げ技となる。

この大会の70キロ級の優勝者は湊《みなと》谷《や》弘《ひろし》（67・69年世界柔道選手権70キロ級1位）だが、決勝で戦ったのがソ連最初の柔道世界チャンピオンで、76年モントリオール五輪の金メダリストでもあるウラジミール・ネフゾロフ選手、後のロシア柔道連盟会長である。ロシアの選手も日本と同様に柔道とサンボを掛け持ちする選手がほとんどであり、その技術的類似点の多さが分かる。

全日本サンボ選手権の結果は思わぬチャンスをもたらした。私は72年11月にソ連のラトビアで開催される第1回欧州サンボ選手権に派遣されることになる。初めての海外渡航だった。日本チームの監督兼選手は佐藤宣践先生であった。この大会、佐藤先生は圧倒的強さで優勝を飾るが、私は決勝でまたもサンボ独特の技であるアキレス腱《けん》固めで敗れる。

初めての海外はサンボ以外でも学ぶべきことが多かった。特にモスクワ滞在中は練習の合間を縫

第1回欧州サンボ選手権決勝でソ連の選手にアキレス腱固めで敗れた筆者（右）

初めての海外渡航のラトビアで。同学年の蔵本孝二（拓殖大・左）、白瀬英春（東海大・右）は選手引退後も指導者として活躍する（中央が筆者）

1975年、全ソ選手権
兼国際大会の決勝に臨む筆者

第1回欧州サンボ選手権大会の出場選手。この経験を活（い）かし、ほとんどの選手が柔道界でも活躍する。前列左が蔵本孝二（モントリオール五輪2位）、同右が白瀬英春（1978年全日本体重別優勝、現東京学生柔道連盟会長）、後列左端が筆者、その隣が佐藤先生

全ソ選手権兼国際大会の表彰式。
ソ連選手以外で唯一優勝を果たす

って街のあちこちを一人で歩き回り、異文化を楽しんだ。ロシア語はもちろん、英語も良く使えなかったが、何の不安も感じずに夜の酒場や買い物にも自由に出歩けたのは若さゆえであろう。その後、私は数多くの海外旅行を経験してきたが、未《いま》だにこの時の旅が印象深い。感性が豊かな若い時代の海外旅行は、経済的に無理してでも出かけるべきだという私の考えは、この時の経験から生まれたものである。もっとも、このころはひたすら日本文化との違いを探

し求める旅だったが、いつしか人間社会の「共通性」に気付き始める。

ところで、それから3年後の75年、社会人になった私は、アキレス腱固めなどサンボ特有の技の防御方法をサンボのスペシャリスト古賀正一《こがまさかず》先生から学び直して、当時もっともレベルの高いとされた全ソ選手権兼国際大会（開催地＝アゼルバイジャン・バクー市）に自費で出場した。リベンジのためであるが、幸いにして全ての試合を一本勝ちしてサンボの試合を卒業することになる。いずれにせよ、私はサンボを通じて技術ばかりではなく、海外に目を向けるチャンスも得た。同時に柔道に役立つと思えることに対しては何事にも貪欲に挑戦することの大切さを佐藤先生から学んだように思う。

「ビクトル古賀」先生との出会い

サンボの話が出たので、私のリベンジに協力してくれた古賀正一先生に触れたいと思う。古賀先生は、古賀正一というよりは「ビクトル古賀」としてサンボの世界で知らぬ人はいない。古賀先生は1935年、旧満州ハイラルで日本人の父と白系ロシア人の母の間に生まれ、11歳の時に日本に帰国している。日本大学時代にレスリングを学び、同時に柔道の名門道場だった神奈川県横須賀市の渡辺道場で柔道を本格的に学ぶ。その後、日本国内外のレスリング大会で活躍した。30歳の時、日本サンボ連盟を立ち上げた八田一朗《はったいちろう》（元日本レスリング協会会長）の依頼でソ連にサンボの修行に出掛け、数多くのサンボの試合に出場したという。その功績が認められ、後にソ連邦スポーツ英雄功労賞など多くの賞を授与されている。日本におけるサンボの先駆者である。

古賀先生の指導方法は、誰に対しても分かりやすい言葉を用い丁寧だった。決して人をけなすことなく、良いところを見つけては褒めた。後に私は東海大学で古賀先生と共に一般体育の授業で初心者に柔道実技を教える機会を得るが、先生は多くの学生に囲まれる人気者だった。驚くほどの読書家で幅広い教養があり、ある出版社から「ロシア人のジョーク」という本を出す話を持ちかけられたほど話が面白かった。

古賀正一先生（右）からはサンボの技術ばかりでなく人生について多くを学んだ（左が筆者）

古賀先生は2018年に83歳で亡くなったが、先生からは生前、サンボの技術だけでなく人生についても多くを学んだ。一番の思い出は1975年、私がリベンジを果たしたアゼルバイジャン・バクーでの試合である。古賀先生は、この時のチームの監督だった。試合の後、我々日本選手はホテルの一室に集まって打ち上げをしていた。試合後の気の緩みもあって、周りの迷惑も顧みない若者のバカ騒ぎの会である。途中で古賀先生が部屋に入ってきた。大声で歓迎をした我々に向かって先生が優しく語った言葉は、「我々はスポーツ選手だが、一歩海外に出れば一人ひとりが日の丸を背負った外交官だよ。分かるよな」。その短い一言で皆は静まり返った。叱られたというよりは、大人から諭されたと感じた我々は素直に先生の言葉を受け入れた。

　読書家の先生からは「この本は面白いよ」と時々書籍を頂いた。多くは歴史に関わる本だったが、今でも本棚にあるそれらの本を見ると、酔いが回るとコサックダンスを踊ってくれた古賀先生を思い出す。

　サンボは、その技術ばかりでなく、思いがけない人との出会いも生んだ。古賀先生も私を育ててくれた大切な恩師の一人である。

寝技で勝つ柔道

第２章 体勢別の攻撃法選択 01
四つんばいの相手を攻める01_
払巻込等をつぶした後の対応

寝技で勝つ柔道

第２章 体勢別の攻撃法選択 01
四つんばいの相手を攻める02_
帯取返と連絡変化

指導者の道を目指す（4）

「継続は力なり」と誰もが言う。柔道の試合で勝ち上がるためには、技術もそれを用いるための体力も必要であるが、同時にそれらを身につけるためには強いモチベーションの維持が不可欠である。試合が近づくと誰でも勝ちたいと思うが、要はその思いをどれだけ強く、長く持ち続けることができるかであろう。そのモチベーションを維持するためには、本人の努力も必要であるが、仲間の力はさらにそれを容易にしてくれる。私も、多くの仲間に助けられ、柔道への強い思いを持ち続けることができた。

「第1柔道部」を作ろう

当時の東海大学柔道部の部員は約90名であった。その内、約半数に大会出場のチャンスが与えられる。そのチャンスを手にするのは、ほとんどが柔道部の合宿所で生活する選手たちである。合宿所以外で生活する柔道部員は通い組とか下宿グループと呼ばれる、いわば2軍以下の選手たちであった。東海大学の柔道部は日本一を目指す目的集団であり、通常は合宿所グループを中心とした練習メニューが組まれていた。また、栄養会などといった親睦を目的とした会も合宿所グループが中心であり、通い組にはなかった。試合出場の可能性がなくなった通い組の部員には朝のトレーニングをサボる者もいた。

日本学園柔道部監督の万田清文先生も体育塾OBで「第1柔道部」だった。先生主催の講習会には、毎年多くの「第1柔道部」の後輩が生徒を引率して参加する（正面左に立つのが講師の筆者。その右が万田先生）

2年に進級するころには、私も柔道部の合宿所を出され、スポーツ系クラブの共同生活の場である体育塾に入塾して通い組と呼ばれていた。体育塾の生活は、私の想像を超えて満ち足りたものであったが、通い組の雰囲気にはなじめなかった。

3年生になり、私は通い組の仲間に相談して月1回の懇親会をすることを提案した。場所は大学近くの中華食堂である。500円の会費で料理を注文し、酒は体育塾の仲間にお願いして各クラブからの差し入れで賄った。最初の懇親会で、通い組の組織化を図るために簡単な役割分担を提案した。通い組の組長や階級別のリーダー、中には下宿相談係や朝トレーニングのための起床係など、通い組ならではの役割分担もあった。主な役職は4年生にお願いした。私は懇親会準備係である。

2回目の懇親会の時、通い組の通称はいかにも侘《わび》しいので我々の間では「第2柔道部」と呼ぼうという話が出た。私はどうせ我々だけで通用する名称なら「第1柔道部」にしようと提案して認められた。後には、合宿所グループとは違うことをしようと言い、砂の入った自転車のチューブを学生服の下に巻いて通学したり、稽古の後に自分たちで投げ込みをすることになる。仲間意識を持つことで、朝トレーニングをサボる者も少なくなってきた。年に数回ある部内試合などでは合宿所グループと第1柔道部の対抗戦のような雰囲気もあったが、私はこのグループから頼られ、応援されることによって大いに力を得た。もちろん、通い組が勝手に懇親会などを行っていることを良く思わない者もいて彼らから呼び出されもしたが、我々が出している部費は合宿所グループの栄養費になっているのだから文句を言うなと突き放した。

大学卒業間際には、柔道部の卒業祝いの会が大々的に行われたが、それとは別に自称第1柔道部だけの会も行われ、記念のトロフィーを頂戴した。今では、試合で獲得したトロフィーにも増して大切な宝物であり、卒業後の付き合いも第1柔道部の仲間が圧倒的に多い。

全日本学生優勝大会

東海大学柔道部では、3月の春休みに選抜メンバーによる関西遠征を行うのが恒例であった。私は3年生で初めて遠征メンバーに選ばれた。この遠征の目的は、6月に開催される学生優勝大会(体重無差別の7人制団体戦)の選手選考である。そのため軽量級選手にも中量級や重量級の選手と試合をするチャンスが与えられ

1973年の東京学生優勝大会での日本大学との決勝。掬投(すくいなげ)で攻める筆者(奥)

1973年の全日本学生優勝大会準決勝で天理大学の選手と戦う筆者(右)

る。

その遠征の試合結果をまとめたものが私の手元にあるのは、当時の私の役割がトレーナーであったので、忙しい主務の代わりに試合記録をまとめ、監督の佐藤宣践先生に提出したためであろう。記録を見ると、関西遠征での対戦相手は天理大学、近畿大学、中京大学、大阪府警、京都府警、愛知県警、東洋レーヨンであった。東海大学は12戦して2勝8敗2分けであったが、私個人としては6勝1敗5分けでチームの中で最も良い成績だった。その結果、私は全国大会の東京予選である東京学生優勝大会の出場メンバーに選ばれた。

その年（1973年）の柔道部は初優勝を目指していたが、決勝で日本大学に0対1で敗れ2位であった。私の決勝は引き分けで終わった。6月、全日本学生優勝大会が日本武道館で開催され

フランス・リオンでの日仏対抗試合の集合写真。前列右から3人目が筆者

東ドイツ・ベルリンでの日独対抗試合で裏投を放った筆者（右）。裏投で勝ったのは生涯この一度だけである。写真は地元の新聞に大きく取り上げられたもの

る。準決勝の相手は優勝候補の天理大学だった。天理大学には1対2で敗れ、ここでも初優勝の夢は叶わなかったが、私は天理の選手に小内刈で技有、次いで巴投から十字固で一本を取って勝ったことで大会の6人の優秀選手の一人に選ばれた。その後、この大会で優秀選手に選ばれた軽量級選手はいない。私の学生時代一番の自慢である。

私は、両親にこの大会を見に来るようお願いしていた。4年間学費や生活費を送ってもらった成果を見てほしいとの思いからである。母には断られたが、父は承諾してくれた。

大会当日、選手たちはウオーミングアップのために朝早く会場に入る。早朝、我々が日本武道館に着くと、正面入り口の前に夜行列車で駆けつけた父が一人座っていた。試合のことで頭がいっぱいの私は、父と言葉を交わすことはなかったが、試合を見て帰った父は心から喜んでいたと後になって母から聞いた。父は若いころ柔道をしていたらしい。大日本武徳会の段位も持っており、教員時代は柔道部の顧問もしていたが、私と柔道の話をしたことは生涯なかった。我ながら不思議な親子である。

1カ月間の海外遠征試合

全日本学生優勝大会の優秀選手に選ばれたからであろうか、私は次のチャンスを得る。1カ月間の海外遠征である。当時は大学卒の平均的初任給が5万3千円程度であり、1ドルが360円の固定相場制から変動相場制に移行した年だった。今とは比べものにならないほど海外に出る機会がなかった。

遠征メンバーには、その年の全日本選手権の覇者上村春樹《うえむらはるき》選手（現講道館館長）、世界チャンピオンの藤猪省太《ふじいしょうぞう》選手など、当時のトップ選手が含まれていた。総勢15名の選抜メンバーをまとめる監督は、1948年に開催された第1回全日本選手権優勝者で64年東京五輪柔道監督の松本安市《まつもとやすいち》氏である。訪問した国は、スペインを皮切りにイタリア、フランス、西ドイツ、東ドイツの5カ国であり、移動、試合、合同練習のパターンが繰り返された。多くの試合は国対抗の体重別団体戦であったが、スペインでは無差別の個人戦も行われた。松本先生は、その無差別の試合でも私を使ってくれた。そのお陰で準々決勝で上村選手と試合する機会を得た。もちろん歯が立つレベルではなかったが、良い思い出である。

この遠征試合で、海外の一流選手と試合や稽古を重ねたことが後に大いに役立ったが、同時に同行した日本の一流選手の日常を見ることも大いに参考になった。特に、藤猪選手からは多くのことを学んだ。

藤猪選手は天理大学3年生で世界チャンピオンになり、通算4度、世界の頂点に立っている。モスクワ五輪の日本代表でもあるが、ソ連のアフガニスタン侵攻によって日本はこの大会をボイコットした。藤猪選手の経歴から見ても、当時最も金メダルに近い幻の五輪選手だったと言える。

その藤猪選手から、ウオーミングアップ会場で汗を流している時、「柏崎、試合場に行くぞ」と誘われた。観客席はすでに満席であった。いきなり試合場に上がった藤猪選手は、係員が止めるのも聞かず、試合場内を回転運動などをしながら1周して観客に手を振った。退屈していた観客は大喜びである。その時、私は藤猪選手の行動の真意がつかめなかった。欧州各国との対抗戦は、我々日本チームにとって完全なアウェーの戦いである。ところが試合が始まり藤猪選手が試合場に出てくると、観客から笑いが起こり応援まで始まった。試合前のパフォーマンスが影響していることは確かだった。当時の私には観客を味方につけるという考えは思いもつかなかった。

各国との合同稽古での上村選手も印象的だった。これから伸びそうな選手に対しては完膚なきまでに叩《たた》きつけ、抑え、絞めつけていた。そのことによって相手に恐怖心を植え付けているかのような稽古だった。その他にも、私には考えもつかない多くのことを一流選手の行動から学んだ遠征だった。

1カ月の長い遠征試合から帰国すると、羽田空港には柔道部監督の佐藤先生の姿があった。教え子を引率してくれた松本先生ら役員にお礼を言うためだったと思うが、そこで松本先生は佐藤先生に思いがけない言葉をかけた。「柏崎は世界を取るよ。大切に育てなさい」。一番驚いたのは私自身だったように思う。13年後、その松本先生と国際武道大学の道場に指導者として共に立つとは想像すらしなかった。

1973年の欧州遠征では世界チャンピオンの藤猪省太選手（手前左。その右が筆者）から多くを学んだ。その後も交流が続く

ローマではイタリアチームの選手とサッカーの親善試合を行って大差で完敗。右端が筆者、その隣が1973年の全日本選手権者の上村春樹選手。上村選手は決して大きな体ではなかった

寝技で勝つ柔道

第２章 体勢別の攻撃法選択 01
四つんばいの相手を攻める03_
帯取返の練習法

寝技で勝つ柔道

第２章 体勢別の攻撃法選択 01
四つんばいの相手を攻める04_
絞技と連絡変化

指導者の道を目指す（5）

「豊かな人生を送るために、良き師、良き友、良き本との出会いを求めなさい」。これは私が最初に柔道を学んだ岩手県久慈市立三船記念館の初代指導主任、久保正太郎先生の教えである。今振り返ると、私はいつの時代にも良き師、良き友、良き本に支えられてきた。東海大学に入学した1年目は、目標とする試合もなく、得意技である背負投も肘を3度骨折したことで使えなくなり、慣れない共同生活に嫌気が差していた。それでも、そこを乗り越えることができたのは、良き仲間と佐藤宣践先生との出会いが大きかった。

佐藤宣践先生の教え

大学時代を総括して、改めて佐藤宣践先生の指導法を振り返ってみたい。弱冠26歳で監督に就任した佐藤先生が用いた指導法は、自らが率先垂範して競技柔道の厳しさを学生に示す方法であったが、決してそれだけではなかったようにも思える。レスリングやサンボの練習の機会を与えてくれたことは先に述べたが、朝トレーニングで速く走ることでしか目立つことのできなかった私に「平塚駅伝という市民駅伝大会があるから仲間を誘って走ってこいよ」と声を掛けてくれたのも佐藤先生であり、柔道部合宿所の体質が合わない私に「体育塾」という新たな生活環境を与えてくれたのも佐藤先生である。

大学3年と4年の時に出場した東京学生体重別大会のために、佐藤先生に提出したレポートが手元にある。試合の反省ではなく、初戦から決勝までの対戦相手を予想して、その相手との戦い方を書いたものである。そのレポートには、朱色のペンで佐藤先生の丁寧なアドバイスが書かれている。現役選手として活躍していた20代の若い先生が、教え子のために対戦相手の柔道の特徴と注意点を書くことは、中途半端な知識や情熱でできることではない。

当時の東海大学といえば寝技が強いというイメージだった。それは監督の佐藤先生が寝技の名手だったことが大きな要因であるが、寝技の稽古時間が大学柔道部で最も多かったからでもあろう。私は4年の頃になると、柔道部員の前で寝技の得意技を説明させられた。もちろん私ばかりではなく寝技を得意とした部員が、現役世界チャンピオン「寝技の佐藤」の前で説明し仲間に指導するのである。先生も頷《うなず》いて聞いていたが、指名を受けて技の解説をする部員は必死だった。一つひとつの動作の後に「なぜならば」と説明を加えることを求められた部員は、得意技の理解が深まるとともに、指名されたことで自信にもつながり、さらには指導力も身に付いた。

私は大学入学当時から指導者になった時のために、自分の得意技や考案した技を写真に撮ってスクラップブックにまとめていたが、この指導をきっかけに本格的な説明文も加え始めた。後に、このスクラップブックをもとに柔道の専門誌『近代柔道』に寝技の連載を始め、これに加筆してできたのが私の代表的な技術書『寝技で勝つ柔道』である。学生時代は気にも留めなかったが、優れた指導方法で育てられてきたと思う。

佐藤先生は１９７４年、体重無差別で戦う全日本選手権で優勝し、翌年の体重別日本一を決める全日本選抜体重別選手権を最後に31歳で引退した。この試合でも先生は、サンボで使われる「飛び十字」という技に挑戦していた。最後の最後まで挑戦する姿は今でも私の脳裏に焼き付いている。

「くら塾」での共同生活

２年間を過ごした体育望星学塾の塾風が気に入っていた私だが、４年生になって規則で塾を出な

1977年、東海大学は念願の全日本学生で初優勝を飾る（胴上げされる佐藤先生）

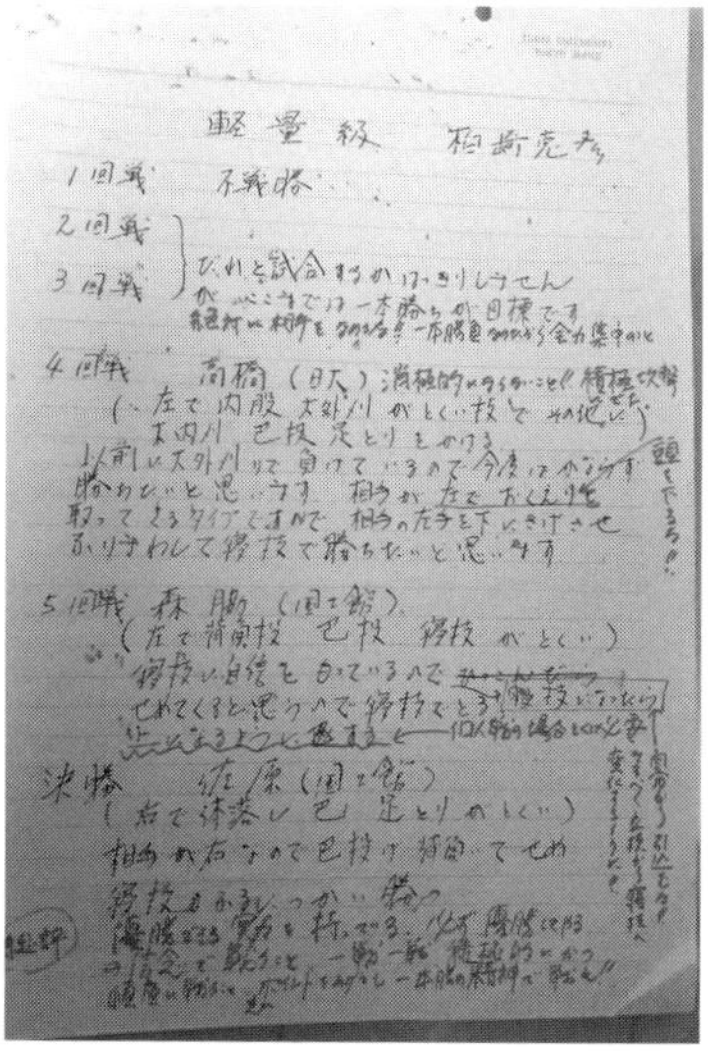

佐藤先生に提出したレポートには、朱色のペンで先生からのアドバイスや注意点が書かれている

4年生時の「くら塾」の仲間たち
（左から新居、筆者、安芸、大高）

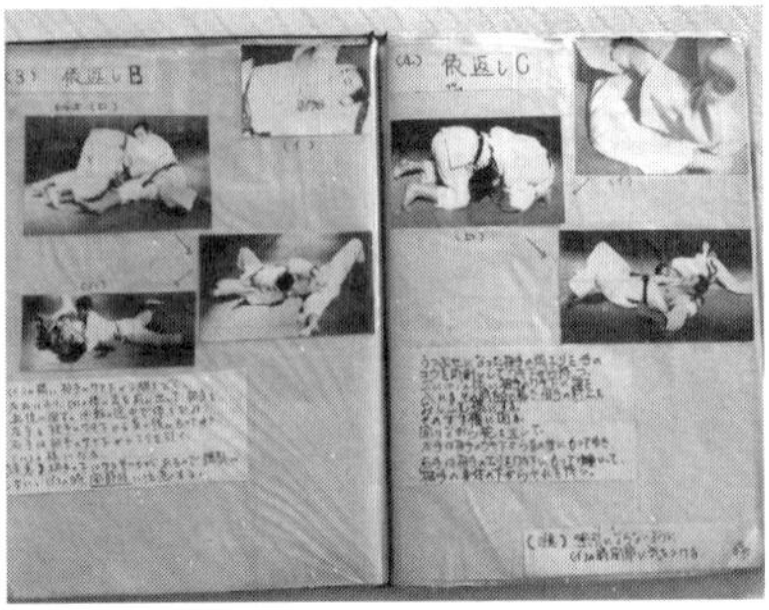

自分の得意技を中心に、技のポイントや注意点を
書いてファイルした学生時代のスクラップブック

ければならなかった。そこで親しかったゼミ仲間や柔道部の後輩を誘って、新しくできた小さな学生アパート1棟を皆で借り、体育望星学塾を真似《まね》た共同生活を始めた。オーナーの名前をとって「くら塾」と命名したアパートでの私生活を具体的に紹介するのはためらわれるが、どこにでもいる若い学生のやんちゃな生活だったように思う。あえて、このやんちゃな生活が役に立ったというならば、後に国際武道大学に勤務して学生部長の役を引き受けた時であろう。学生が起こした問題を扱う会議で、私の裁定はいつも寛大だった。東海大学の柔道部の後輩だった当時の学生課長清野義弘氏（現事務局長）からは、会議の後「先生、自分が経験したことには寛大ですね」と笑いながらよく言われた。

くら塾の仲間は、全員がスポーツ系クラブに属し、その中心的な役割を果たしていた。中には成績の優秀な学生もいて、卒業論文の作成や、学期末の試験では大いに助けられた。

また、偶然にもくら塾の仲間は全員が教員希望だった。した

定年退職後も「くら塾」の仲間たちとの交流は続く（左から安芸、新居、筆者、伊藤、大高）

がって、互いに教員採用試験の問題集を回し読みすることもあったが、全員がそれほど真面目に受験勉強に取り組んだとも思えない。ところが、9名の仲間のうち8名が採用試験に合格し、1名が警察官になった。

埼玉県の高校教員になった大高史夫《おおだかふみお》は後にバドミントンの五輪メダリスト奥原希望《のぞみ》を育て、同じく埼玉県の高校教員になった新居学は野球部を立ち上げ野球部長をしながら教頭になった。東京都で教員になった安芸進《あきすすむ》はシドニー五輪銅メダルの田中雅美をはじめとして水泳競技で4人のオリンピック選手を育て、『プールがなくてもオリンピック選手が育つ八王子高校水泳部』という本を出版した。宮城県の公立中学校教員になった伊藤和彦《いとうかずひこ》は4年間働きながら学生生活を送った苦学生だったが、驚くほど成績が良かった。赴任した中学ではバレーボール部を全国大会の上位校に育て上げ、後に私学の名門高校にスカウトされて監督になり、最後は地元の大学の教員になった。野球部だった大木章弘《おおきあきひろ》は東海大学付属大阪仰星《ぎょうせい》高校で、米大リーグで活躍した上原浩治を外野手から投手に育て上げた。その他にも大阪の高体連の柔道専門部長になった宮森《みやもり》巳喜雄《みきお》など、くら塾の仲間は卒業後、皆それぞれの舞台で大いに活躍した。彼等とは職種が一緒ということで話題も共通しており、今日まで友情が途切れることがない。

両親からのはなむけ

私は母との約束通り故郷岩手県の教員採用試験を受けたが、その後で佐藤宣践先生から茨城県の教員採用試験を受けないかと話があった。茨城県では翌年に国体開催が予定されており、柔道競技の選手に選ばれたなら練習環境も考慮してくれるだろうとの先生の言葉に魅《ひ》かれ、茨城県も受験することになる。

受験後、間もなく岩手県と茨城県から合格通知が届いた。2枚の合格通知を持って私は故郷の岩手に帰り、両親に「茨城県でもう少し柔道を続けてみたい。選手生活を終えたら約束通り岩手に帰る」と了解を求めた。両親は特に反対することもなかった。その日の夜、両親と食事をしている時、寡黙で決して人生訓じみたことや教員らしく振る舞ったことのない父親が突然こんなことを話した。「教員は楽な仕事だ。理想を語って飯が食える仕事は世の中にそんなに多くない」。すると、すかさず教員だった母が言葉をつないだ。「理想を語るのは簡単だが、心にもないことを言うと人は顔に出るよ。生徒たちは敏感なんだから、顔が曇らないような教員生活を送らないといけない」。

事前に用意していたであろう、両親から社会人になる私へのはなむけの言葉だった。教員として一番大切なことは、人に恥じることのない理想的な人生を自らが送ることだ、という言葉は、私の人生の指針となった。電話や手紙で要件を済ませずに帰省して良かったと思った。

余談になるが、父から送られてきた手紙は生涯で2度だけだったが、母親は筆まめで、亡くなるまで私に手紙を送り続けた。私が大学の教員を定年退職になって最初にした仕事は、母から送られてきた手紙とその時代の写真を纏め、小冊子を作ることだったが、手紙を整理して気が付いたのは、封書の宛名は全て父の字だったことである。

卒業式当日、母は筆者（左）の着物を持って初めて大学を訪れた

ところで、佐藤先生から話があって茨城県の教員採用試験を受けたのは私だけではない。後に東海大学柔道部監督として活躍した同期の白瀬英春《しらせひではる》（現東京学生柔道連盟会長）と東海大学付属相模《さがみ》高校柔道部監督として多くの名選手を育てた林田《はやしだ》和孝《かずたか》（元国際武道大学特任教授）も同時に採用試験を受け、茨城県で高校の教員をすることになる。白瀬もさることながら、林田の柔道の指導力は当初から秀でたものがあった。赴任した年に県立鉾田《ほこた》一高をインターハイに導き、3年後に東海大学付属相模高校柔道部監督に就任すると、イン

ターハイで8度、春の高校選手権で6度優勝するなど、高校柔道界の名伯楽としてその名を馳《は》せる。

大学を無事卒業した私は、いよいよ念願の教員生活と国体での優勝を目指して赴任地茨城県日立市にある県立多賀高校に向かうことになる。

林田（前列左端）は、後に東海大学付属相模高校の名監督として名を馳せる（前列右端が筆者）

寝技で勝つ柔道

第２章 体勢別の攻撃法選択 01
四つんばいの相手を攻める05_
一本背負投を防ぎ絞技へ

寝技で勝つ柔道

第２章 体勢別の攻撃法選択 01
四つんばいの相手を攻める06_
裸絞

高校教師の道を歩む（1）

大正5（1916）年、嘉納治五郎《かのうじごろう》は自分の教育思念を有名な句で示した。この句の後段が「教育のこと　天下これより楽しきはなし　英才を陶鋳《とうちゅう》して兼ねて天下を善くし　その身亡《ほろ》ぶといえども余薫とこしえに存す」である。私は、嘉納治五郎の言う「楽しき」道を歩みたいとの思いから大学に進学し、柔道に夢中になって4年間を過ごした。

大学の授業では、教育の目的の一つは「生きる勇気と自信を与えることだ」と学んだ。確かに私は、多くの指導者からその機会を与えられ、その都度、勇気と自信を得てきたように思う。しかし、立場が変わって自分にその役割が果たせるかどうか不安の方が大きかった。

茨城県立多賀高校に赴任

友人の軽トラックに乗って茨城県日立市にある県立多賀高校に着いたのは1974（昭和49）年3月のことである。赴任先の多賀高校は男女共学の全日制普通科で、各学年7クラス、生徒数は約950人の高校であった。後には10クラスに学級増している。高校進学率が高まると同時に生徒数が大幅に増加した時代である。資料によると、1975（昭和50）年から10年間で、茨城県内の県立の新設高校は20校を数えている。

私の宿舎を紹介してくれることになっていた岡崎知光教頭は、この高校は昭和30年代には県下一の競争率を誇るほどの人気校であったと誇らしげに話した。とはいえ、赴任当時の多賀高校は木造平屋建てで、兵舎のような教室が何列も並んでいた。汚れて床のきしむ廊下は室内履きに履き替えることが義務付けられていたが、その意味がまったく理解できなかったことを覚えている。

岡崎教頭が私に紹介してくれた宿舎は、その高校の敷地内に建つ平屋建ての小さな一軒家だった。管理職教員の官舎として建てられたが、古すぎて今では利用する管理職は誰もいないらしい。間取りは6畳2間に8畳1間、小さな台所と風呂、トイレがある。すでに誰かが住んでいるらしく、生活用具が揃っていた。後に生徒から聞くことになるが、古く薄汚れている官舎は生徒たちから「ゴキブリマンション」と呼ばれていた。

「独身の体育の先生が住んでいるが、しばらくここに荷物を置いて、後で気に入った近くのアパートを探したらいいでしょう。先生には話してありますから」と教頭先生は言って帰っていった。6畳2間のうち1間は奇麗に片づけてあった。その部屋に学生時代から使い続けている机と椅子、そして布団を置いて、その日のうちに柔道衣をもって全日本の強化合宿参加のために東京に戻ることになる。

3月30日、全日本強化合宿を終えた私は、上野駅から特急で1時間半かけて多賀高校の「ゴキブリマンション」に戻ると、家主の若い先生がいた。初対面のその先生は阿世賀敏幸《あせがとしゆき》といって、3歳年上だった。荷物を置かせていただいた礼と、できるだけ早くアパートを探して出ていくことを話

赴任当時の多賀高校正門。正面の2階建て以外は全て平屋の木造校舎

したが、結局私は7年間、引っ越しもせずにその官舎で暮らすことになる。

阿世賀先生は東京教育大学体育学部を卒業し、専門はラグビーだという。国体の教員チームのメンバーで私と似たような体格であった。現役選手の阿世賀先生とはすぐに気が合った。翌日の朝トレーニングの話をすると「一緒に走ろう」と二つ返事で賛同してくれた。

翌朝、阿世賀先生が紹介してくれたランニングコースは約5キロのコースであったが、間もなく8キロのコースに変わった。いずれのコースも最後の2キロは生徒の通学路であり、2人でランニングしている時間帯は早朝練習をするクラブの生徒たちが通る。後塵《こうじん》を拝したくない2人はこの2キロに最後の力を振り絞った。私は走ることに多少の自信があったが、阿世賀先生はさすがに現役のラグビー選手であり五分五分の勝負だったと思う。ランニングが終わると高校のグラウンドでそれぞれの競技に特化したトレーニングを行った。

朝トレーニングは合計1時間10分程度だったが、後にランニングコースやトレーニングパートナーを変えながら高校を退職するまで7年間続いた。

ところで、当時の教務手帳を開くと始業式が始まるまでに1週間あり、その間に新採教員の研修会や時間割などの説明があったものの、授業内容に関する具体的なことは何もなかった。東海大付属相模高校で行った教育実習と、偶然同居することになった阿世賀先生だけが頼りの新米教師の生活がスタートすることになる。

通称「ゴキブリマンション」で同居していた阿世賀先生（左が筆者）

新米教師の1年目

新米教師に与えられた授業は週15時間、そのうち2時間が保健だった。幸いにして1学期の体育の授業は、マット運動から始まり、次いで陸上競技、さらに水泳と続く。大学時代、柔道部の準備運動は回転運動が多かった。したがってマット運動は問題なかった。陸上競技も多少の自信があった。問題は水泳の授業である。県立多賀高校には当時の高校では珍しく50メートルの公認プールがあった。そのため、水泳の授業には多くの時間を費やし、体育科の先生方も授業に熱心だった。海

最初に担当したクラスの集合写真。運動部所属のやんちゃな生徒が多かった（最前列の中央、トレーナー姿が筆者）

で泳ぎを覚えた私は平泳ぎや潜水は得意だが、授業の中心となるクロールは大の苦手だった。柔道部の指導を終えた後にプールで練習をしていると、見かねた水泳部員が指導してくれた。

体育の教師といえども決して万能なわけではない。得手・不得手があるが、自分より優れた生徒に先生と呼ばれるのは辛いものがあった。最初の水泳の授業でそれを味わったが、ある時、指導してくれた水泳部の生徒が「先生、上手《うま》くなってるよ」と褒めてくれた。その後、「先生は試合の前に緊張しませんか」と聞いてきた。私はどんな小さな試合でも緊張することを正直に話した。また「緊張するのは悪いことではなく、今まで頑張ってきた人だけがより良い結果を求めて緊張する。もし緊張したなら今まで頑張った証拠だと私は思うことにしている」と話すと、私の水泳の先生である生徒は嬉《うれ》しそうに笑った。水泳部員の前では劣等感の塊だった私が、彼に小さなアドバイスを与えることができたことで、何か自信を持てたように思う。これを境にして肩肘を張らずに自然体で高校の教員生活を送れるようになった。

多賀高校の体育科担当教員は7人だった。最年長の宇佐美次郎先生は元柔道部の顧問で体育科主任。佐藤栄子先生は唯一の女性教員で学生時代はやり投げで活躍したお母さん先生。後藤一彦先生は陸上部顧問で熱血漢。サッカー部の顧問は親分肌の清水伸先生。渡辺善文先生はバスケットボールの国体選手。これにラグビー部顧問の阿世賀先生と私である。宇佐美先生と佐藤先生を除けば皆

体育祭で担当クラスの生徒たちと

クラス対抗リレーでは、
教員チームも参加して優勝を狙う

生徒と競った校内マラソン大会（中央の松田貴は現在母校で教員を務める。右が筆者）

20代の若い教師である。

多賀高校の体育科の先生方は、授業も部活動指導も熱心だった。校内マラソン大会やクラス対抗試合でさえ教員チームを作って優勝しようと張り切った。バレーボールの対抗試合の時は部活動の指導を終えた後、夜の11時ぐらいまで特訓をしたこともあった。

校内スキー教室では女子の初心者を担当
（左から4人目が筆者）

体育科教員のまとまりは、授業でも部活動でも役に立った。サッカーの授業が始まると清水先生が指導法の講習会を開き、陸上競技の授業のシーズンは後藤先生や佐藤先生が新しい指導法を皆に伝えてくれた。茨城県教育委員会の講習会も開催されていたが、同じ学校の先生だけでの勉強会は学校の実情に沿っていて大いに役立った。私も柔道指導法の勉強会を開いたが、指導案を作成しながら改めて勉強し直したことを思い出す。多少授業に慣れてくると、自分の専門とする柔道よりも自信のなかった水泳やラグビーの授業が楽しかったのは先生方のお陰である。部活動指導でも先生方は協力し合った。部員を強く叱り過ぎた時などは、先生方にお願いして授業中、何気なく「最近良くなっていると柏崎先生が褒めていたよ」などとフォローしてもらうことも度々あった。

ところで、当然のことながら自分の柔道の練習環境は大きく変わってしまった。柔道を習い始めてから大学まで、稽古相手に不自由することがなかったが、初心者同然の柔道部員相手の稽古で如何《いか》にして地元開催の国体で優勝し、全日本体重別選手権で日本一を目指すかは、それまでにない大きな課題だった。

寝技で勝つ柔道

第２章 体勢別の攻撃法選択 01
四つんばいの相手を攻める07_
三角絞と連絡変化

寝技で勝つ柔道

第２章 体勢別の攻撃法選択 01
四つんばいの相手を攻める08_
十字固の決め方

高校教師の道を歩む（2）

人間が「やる気」を維持するためには、次のような条件が必要だという。

一、具体的な目標や目的があり、その目標を掴《つか》むための努力が報われる予感がする。全く予感がしないのであれば目標設定に問題がある。

二、努力すべき具体的方法や手段を知る。その手段や方法による成功例を知るならば、さらに「やる気」が出る。

三、他人に強制されるものでなく、自ら工夫する楽しみがある。

四、自分の努力を認めてくれる誰かが存在する。

五、僅かでも努力の成果が現れる。

これらのことが自発的動機付け、すなわち「やる気」を起こし維持させるのだと何かの本で教わった。

やる気の条件が揃う

私が31歳で選手を引退するまで、闘う情熱を失うことなく柔道に打ち込めたのは、冒頭に書いた「やる気」を維持する条件が揃っていたからであろう。

この「やる気」の条件を当時の私が置かれていた状況に当てはめてみたい。

大学を卒業した年、私は全日本選抜体重別選手権大会63キロ級で3位入賞した。日本一の目標は決して夢物語ではなく手の届く位置にあった。

　また、日本一になるために朝起きたなら何をするべきか、世界一を目指す選手はどのような日常生活を送るべきか。それらは東海大学時代に選手兼監督だった佐藤宣践先生の柔道に打ち込む姿を見て学んできた。その佐藤先生が全日本選手権大会で優勝旗を手にするのを見て、それを手本にすることが正しいと強く信じることもできた。

　さらには、一年365日の練習計画を自分で決め、自分にも、宿舎の部屋に出入りする生徒にも一目で分かるように、障子紙に書いて張り出していた。トレーニング内容は試合日程に合わせて自分で工夫した。私は常に自分のコーチであり監督だった。そして、何といっても力になったのは、試合で勝って少しでも新聞に載ると生徒たちが我が事のように喜んでくれたことである。もちろん、トレーニングに打ち込む姿を生徒に見てもらうことで、授業中の私の未熟な指導力を補うこともできた。その結果、7年間の高校教員生活の中で4度、全日本選抜体重別選手権で優勝でき、世界選手権にも出場し、モスクワ五輪の代表にもなれた。

　このような状況にあれば「やる気」の失せるはずがなかった。

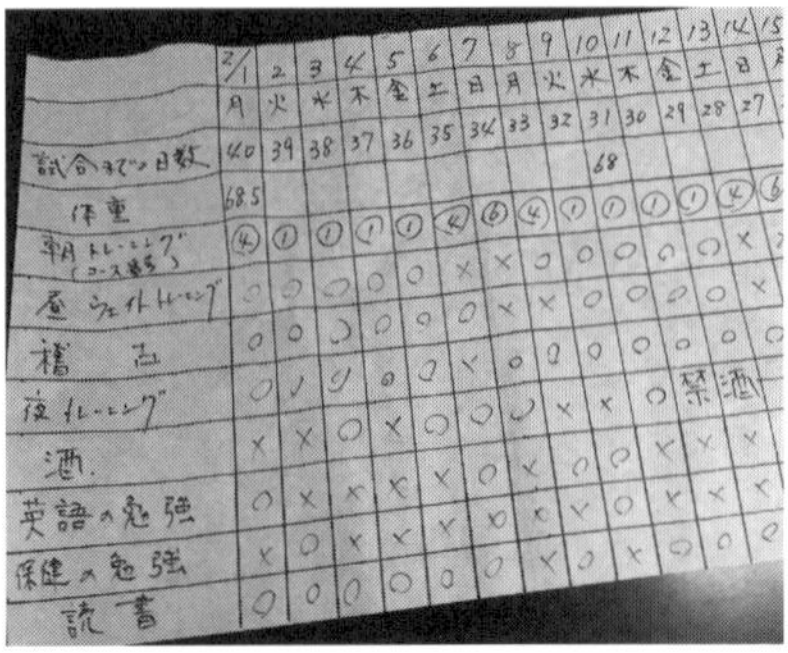

障子紙に書いて張り出していた練習計画表。7年間、毎年同様なものを使った（この表での「稽古」とは道衣を着ての反復練習のこと）

教員と選手の両立

やる気は失せなかったが、練習環境に恵まれた学生時代と違い、地方の高校教師にとって稽古相手の確保はそれまでに経験のない大きな課題だった。大学4年の後半、全日本の強化選手に指定されたものの、赴任先の茨城県立多賀高校の柔道部員のほとんどが初心者同然で稽古相手にはならなかった。県内には茨城県警や筑波大学に稽古相手がいたが、いずれも勤務先からは遠く高校が休みでもない限り、出向くことができなかった。ライバル選手のことが気になり、寝付けない時もあったが、寝付けないのは今日のエネルギーを使い切っていない証拠だと、真夜中のグラウンドを走ったりもした。

当時も現在と同様、全日本強化選手は世界選手権やオリンピックを目指す選手たちであり、大手企業や警察、あるいは大学などに勤務し十分な練習環境が与えられていた。私は悲観してばかりもいられず、ある時、他の強化選手と比較して恵まれている環境はないかとノートに書き出して

体育の授業。生徒たちは私の試合結果を我が事のように喜んでくれた

茨城県教員チームのメンバー
（左から白瀬、五位渕喜雄監督、林田、筆者、藤田、清水）

みた。すると、驚いたことに多くの利点があった。

第1に、他の選手に比べてトレーニングが十分にできる環境にある。体育の教師は、サッカー、バスケットボール、陸上競技、水泳など、授業中でさえ生徒と共に動くことで自分のトレーニングに活用できる。

第2に、24時間トレーニング施設の使用が可能である。私の宿舎は学校の敷地内にあった。プールもグラウンドもウエイトトレーニング場も柔道場も同じ敷地内にある。

第3に、教員は実業団や警察、大学生と違って試合数が少ない。したがって、余裕をもって練習計画を立てることができる。

第4に、選手は自分一人であり、他の選手に気兼ねせずに自分に合った練習計画を立てられる。

第5に、高校は春、夏、冬と長期の休みがあり、好きな場所への出稽古も可能である。

乱取り稽古にしても、全くできないわけではなかった。就職して1年目は地元茨城で開催される国体のために週末に国体チームの合同練習会が開催されていた。また、全日本強化合宿も2カ月に1回程度、1週間ほど開催され、それに参加する許可も校長から得ていた。

朝、ランニングを中心に1時間10分程度トレーニングをして、体育の授業中は生徒と一緒に動き

茨城県国体メンバー（少年の部、成年の部、教員の部がそろう。前列中央のセーターを着ているのが筆者）

回り、昼休みは昼食をとりながら運動部の生徒たちとウエイトトレーニングを楽しむ。部活動の時間は、柔道部員に打ち込みと投げ込みを受けてもらう。夜はグラウンドで高校時代から始めた得意の単独練習を行う。

乱取り稽古こそ極端に少ないが、運動量は全日本強化選手に負けないことに気が付いた。

茨城国体

私が高校の教員になった当時の国体柔道競技は、高校生男子の部、教員の部、成年男子の部が行われていた。いずれも5人制の団体戦である。高校の部と成年男子の部は体重別で行われていたが、私の出場する教員の部は体重無差別である。茨城県教員チームは東海大学の同級生白瀬英春と林田和孝、国士舘大学ＯＢの藤田上と日本体育大学ＯＢの清水定明である。茨城県が我々柔道チームに課した目標は、高校生の部と成年の部が3位以内の入賞、教員の部は優勝であった。

目標の成績を収めると柔道競技で総合優勝でき、天皇杯を獲得できる。

茨城県に赴任してから10月までの半年間、国体チームの強化ということで私たち柔道チームは驚くほどの練習試合をこなした。大阪府警、宮城県警、富山県警、早稲田大学、中央大学など18試合にも及ぶ。私は国体では体重無差別で戦うため常に重いクラスの相手との試合だった。63キロ級の私にとって多少厳しいものがあったが、手元の記録を見ると、13勝5引き分けである。この試合数の多さが試合技術を向上させたことは間違いない。同時に日々の生活に緊張感を持たせることにも役立った。

1974（昭和49）年10月21日、茨城県日立市にある日立商業高校体育館で開催された第29回国民体育大会柔道競技は、高校生チームが初戦で敗れる波乱があったが、一般の部は3位に入賞し、教員の部は優勝することができた。決勝は和歌山県チームであったが、先鋒の私と大将の白瀬が勝って2対0での勝利だった。

この地元国体は、生涯で最も緊張した試合の一つだったように思う。試合の開催場所が勤務地の日立市ということで、観客席は教え子たちでいっぱいだった。また、チームのポイントゲッターとしてのプレッシャーも感じていた。さらには新米教員として慣れない生活環境の中での試合でもあった。それゆえ優勝できた時の喜びは大きかった。

後に教え子たちから、私にとって最も大きなタイトルである世界選手権優勝の時の気持ちを聞かれたこともあったが、「大会の大きさと勝った喜びは比例しないよ。掛けた情熱には比例すると思う。だから、頑張りさえすれば誰だって世界チャンピオンと同じ喜びや悔しさを味わうことが可能だよ」と答えてきたのは、この大会の経験があったからであろう。

国体が終わり、高校の敷地内にある官舎、通称「ゴキブリマンション」の襖《ふすま》には画鋲《がびょう》で2枚の国体優勝の表彰状が貼られた。毎朝、共に競い合って走っていた同居人の阿世賀敏幸先生が手にしたラグビーと私の柔道の表彰状である。2人で次の目標を話した時、阿世賀先生は私にこう言った。

多賀高校教員4名が茨城国体に出場する（右端が筆者）

「柏崎、お前は世界一を目指せ。できることは何でも協力する。俺のラグビーの世界ではそれは無理だ。その代わり、俺は日本一の笛吹き（審判）になる」

阿世賀先生が目標にたどり着いたのは21年後である。1995年、毎年1月15日に開催されるラグビーの日本選手権大会は神戸製鋼と大東文化大学の対戦だった。何気なくテレビを見ていると、「ノッコン、ポイントヒアー」と、体育の授業で良く聞いた声が聞こえてきた。まさかと思いながら審判の顔がアップになるのをイライラしながら待っていた。ノーサイドの笛が鳴った時、主審の姿が画面いっぱいに映った。浅黒く日に焼けた顔と、何一つ無駄のない引き締まった体の阿世賀先生がそこにいた。後に阿世賀先生は、日本ラグビー協会のレフリーソサエティーの委員長も務め、約束通り日本一の審判になった。

若かりし日、2人で交わした約束がもう一つあった。司馬遼太郎の『竜《りょう》馬《ま》がゆく』の竜馬の生き方に憧れた2人は、将来、結婚して息子ができたなら竜馬と名前を付けることを約束した。酒の勢いもあったが、今では2人とも竜馬の父親である。

1995年、ラグビー日本選手権決勝で主審を務める阿世賀先生
（阿世賀氏提供）

定年退職後、阿世賀夫妻
（左から3、4人目）と欧州を旅する
（右端が筆者）

寝技で勝つ柔道

第2章 体勢別の攻撃法選択 02
仰向けになって下から攻める01＿
肩越しに帯を引きつけての
連絡変化

寝技で勝つ柔道

第2章 体勢別の攻撃法選択 02
仰向けになって下から攻める02＿
脚をすくわれた場合の対応

高校教師の道を歩む（3）

柔道界では「正しい柔道」という言葉が頻繁に使われる。私はこの「正しい柔道」の意味が理解できず、学生時代から多くの指導者に尋ねてきた。ある時、古賀稔彦などオリンピックメダリストを多数輩出した講道学舎の創立者、横地治男《よこちはるお》会長に尋ねたことがある。横地会長は「正しい柔道とは勝つ柔道だね」と即答した。すると同席していた国立がんセンターの内科部長、坂野輝夫医師が「その通りだが、誤解を生まないために正しい柔道と勝つ柔道の間に二つの文字が入ると良い」と話した。正しい柔道とは、美しい柔道でなければならない。人間の最も美しい姿は、一生懸命頑張っている姿で、それは克己と言える。それを成し得た者が他人に勝つ。漢字でいえば「正→美→克→勝」だと書いて示した。私は初めて納得のいく「正しい柔道」の答えを聞いたと思った。

柔道部監督

体育教師のほとんどが部活動の指導に多くの情熱を傾ける。私も例外ではなく、赴任した茨城県立多賀高校柔道部が少しでも強くなってほしいと思っていた。

初任者研修会で忙しかった私が、初めて高校の柔道場に入ったのは4月8日、入学式翌日である。10人の柔道部員が新監督の私を待っていた。よほど怖い先生が来たと思ったのか、生徒たちの緊張感が私にも伝わってきた。互いに自己紹介した後、これまで通りの練習をするように3年のキャプテンに伝え、私も道場の隅で打ち込みを始めながら彼らの稽古を見た。初心者に近い部員もいたが、皆真剣だった。翌日から休み時間を利用して新入部員の募集活動をするように指示して、その日の稽古を終えた。稽古の帰り、今の柔道部員は10名程度でも、これに新入部員が加わったなら少なくとも私の高校時代と同様に15名ぐらいの柔道部にはなるだろうし、多少、私の稽古相手にもなるだろうと安どしたことを覚えている。しかし実際には入部を希望する生徒は少なく、7年間の監督生活で教えた柔道部員は20名にも満たなかった。

高校生を指導するに当たり、参考にしたのは高校時代の恩師和山勇人《わやまゆうと》先生の指導方法である。寝技も立技も基本動作の反復練習時間を多くし、生徒自身の研究時間を設けた。

部活動を指導し始めたころは、私も部員に交じって一緒に乱取り稽古していたが、数カ月後には止《や》めることになる。なぜならば、高校生とは力に差があるため手先だけで相手の技を捌くことができる。同時に技が不完全でも容易に相手を投げることができる。この稽古の繰り返しは、いつの間にか私自身に悪い癖を付け、柔道の質を大きく落とすことに気が付いたからである。その後は乱取りを極力避け、打ち込みや投げ込み、技の研究相手になってもらったが、それでも大いに助けられた。

多賀高校柔道部は、部員数こそ少なかったが、部員たちは驚くほど熱心だった。私は稽古が終わるとランニングに行くことが多かったが、道場に戻ってきても彼らの研究は続いていた。「電気を消して早く帰れ」と叱ったが内心いつも嬉しかった。

監督就任2年目の5月、関東大会の茨城県予選が開催された。私は世界選手権の1次予選のために部員を引率することができなかった。試合を終えて夜遅く高校の敷地内にある官舎に戻ると、玄関先に全部員8人が座り込んでいた。私の姿を見ると、主将の益子隆明が立ち上がって「先生すみません。負けてしまいました」と頭を下げた。私は「茨城県で一番稽古している皆が1番にならないのはおかしいだろう。詳細は明日道場で聞く。遅いからもう帰れ」と言って部員を返した。帰り際、益子が「すみません。これ」といって紙袋を置いて帰っていった。後で開いてみると4位の賞状が入っていた。驚いたことに関東大会の出場権を取っていたのである。私は常に皆の実力は茨城県で1番だと言ってきたが、実際はせいぜい2、3回戦止まりのチームであった。しかし、初心者同然の彼らは本当に優勝できると思って試合に臨んだらしい。「負けました」とは優勝できませんでしたと言うことだったと気が付き、私は驚いた。これを機会に多賀高校柔道部

柔道部員たちとのトレーニングを終えて（左端が主将の益子隆明。左から3人目が教員2年目の筆者）

は、私が顧問を務めた7年の間に4度、関東大会に団体出場することになる。

山神祭柔道大会事件

茨城県日立市には、関東大会常連校の日立商業高校柔道部があった。全く歯が立たない高校だった。顧問の清水定明先生は国体教員チームのメンバーとして共に戦った熱血漢である。その日立商業高校に初めて勝ったのは就任3年目の夏、地元の日立鉱山（当時）が主催する市内の中高校生対象の山神祭柔道大会である。この年は、今橋鉄也という初心者がキャプテンだった。不器用な今橋の対戦相手は、日立商業高校のキャプテンでポイントゲッターだった。寝技しかできない今橋はタックルを仕掛けては寝技にもっていこうと必死だった。イラついた相手選手が、下から足にしがみつく今橋を持ち上げ、審判の「待て」の制止を無視して突き落とした。反則である。この貴重な「反則勝ち」の1勝を、残りの1年生4人が相手の攻撃を必死で防いで「引き分け」で守った。小さな「お祭り大会」とはいえ、団体戦で初めての優勝である。

第27回関東高校柔道大会の多賀高校柔道部チーム
（1979年、群馬県立前橋工業高校で開催）

1976年、初めて団体戦で優勝した山神祭柔道大会での記念写真。部員に笑顔はない

毎年開催される多賀高校卒業生たちとの新年会は昔話で盛り上がる（左から4人目が筆者）

閉会式で表彰を受けて喜ぶ部員を前に、大会会長が厳しい口調で次のように講評した。「高校生の部で優勝した学校の試合内容は、この大会の趣旨に反するものであり、あのようなものは柔道ではない」。勝ちたいあまり、俗にいう「汚い柔道」をしたことを指摘された。整列していた部員は、皆恥ずかしそうにうつむいた。私は涙が出るほど悔しかった。

閉会式後、会場の外に出て選手たちを前に次のように話した。「あの会長は柔道が何であるか分かっていない。今日の皆の柔道は正しい柔道だ。一人ひとりが自分

の役割と実力を十分理解して一生懸命戦った。自分の責任を果たし最善を尽くすこと、これが柔道だ」。そして「あの会長からもらった賞状は破いて捨てろ。メダルはごみ箱に捨てろ」と言って捨てさせた。「今から焼き肉を食べに行く。俺のおごりだ」。それが当時の私には精いっぱいの褒め言葉だったように思う。もっとも次の日は「昨日の柔道は正しい柔道だったが、私が見ていても恥ずかしいぐらい未熟な柔道だった。もっと人に認められるような技術を覚えろ」と、いつも以上の稽古をしたことを思い出す。

多賀高校柔道部の教え子たちとの新年会は、今でも毎年続いている。3年間の思い出を30年以上も語り続けるOBたちの話を聞いていると、楽しい思い出などなかったかのように、辛かったことを楽しそうに話している。話の内容もほぼ毎年同じであるが、「山神祭柔道大会事件」は「生まれて初めてもらった金メダルだったのに、もったいなかったよなァ」で毎年終わる。

ところで、私は29歳で、7年間の高校教師生活を終えて母校東海大学の教員になる。その年の世界選手権で優勝することになるが、多賀高校柔道部OBたちは新宿の高級中華料理店で私の祝勝会を開いてくれた。OBといってもそのほとんどが大学生だった。分不相応な高級店での祝勝会に私は大いに戸惑った。貸し切りの部屋に次から次へと料理が運ばれてくる。料理の質と量は学生が支払いできるレベルではなかった。カードでの支払いなどなかった時代である。不安になった私は幹事のOBに支払いについて尋ねたが「問題ないです」と、素っ気なかった。そのうち、料理長や仲

1981年、柔道部OBたちがアルバイトして主催してくれた
世界選手権の祝勝会（前列左から2人目が筆者）

居さんたちが一緒に座って飲み始めた。料理長が言うには、アルバイトをさせてほしいと学生が来たのは半年前だという。理由を聞くと、我々の先生がこの秋に柔道の世界チャンピオンになるので、皆でアルバイトをして、この店で祝勝会を開きたいと話したという。皆まじめに良く働いたと料理長は褒めた。優勝してよかったと心から思った瞬間だった。

多賀高校に勤務した7年間で柔道部の卒業生は14名だけだったが、生徒たちは関東大会ばかりではなく、国体にもインターハイにも出場してくれた。１９８０年の栃木国体では、高校生の部と成年の部で同じ学校の先生と生徒が優勝したとして話題にもなった。大学まで柔道を続けたＯＢは少ないが、柔道部主将を務めた瀬谷隆芳と田所勇二は後に多賀高校の教員となり柔道部を指導した。また他のＯＢたちも高校時代の思い出を大切に、生き生きと人生を過ごしている。

1980年の栃木国体では同じ高校の監督と部員が共に優勝して話題になった
（「少年の部」で優勝した多賀高校柔道部主将の田所勇二〈手前〉と筆者）

寝技で勝つ柔道

第２章 体勢別の攻撃法選択 02
仰向けになって下から攻める03__
十字固～腕固～送襟絞

寝技で勝つ柔道

第２章 体勢別の攻撃法選択 03
仰向けの相手を攻める01__
片脚かつぎ～両脚かつぎ

高校教師の道を歩む（4）

青春時代の肉体の若さほど羨ましいものはない。いくら「青春とは人生のある期間を言うのではなく心の様相を言う」と米国の実業家で詩人のサムエル・ウルマンが言っても、肉体の若さと青春は無関係ではないと体育系の私は思ってしまう。

体育教師と柔道部監督の仕事、さらには世界一を目指す現役柔道選手としての生活を続けていても、当時の私にはまだ持て余すエネルギーがあった。

私は東海大学時代に大きな影響を受けた「体育望星《ぼうせい》学塾」を真似て、勤務する高校の敷地にある小さな官舎の玄関口に望星塾という看板を掲げ、授業や部活動では味わえない生徒との交流を楽しんだ。

精神の健康度はスポーツ選手のパフォーマンスに大きな影響を与えるという研究結果があるが、この望星塾での活動も私の競技生活に大きな力を与えてくれた。

望星塾の活動

1974年に地元開催の国体が終わって、同居していた阿世賀敏幸先生は結婚を控えて新しい官舎に移った。それを機にスタートした望星塾には、生徒会の役員や他のクラブの部員、大学浪人中の卒業生たちも出入りするようになっていた。今なら問題になりそうだが、時には女子生徒たちが夕食を用意して帰っていくこともあった。また、全日本レベルの大会や国際大会などから夜遅く官舎に帰ってくると、冷蔵庫の中には生徒たちによって紅白に並べられた蒲鉾《かまぼこ》とビールが数本冷やしてあり、薪《まき》風呂も沸いていた。熱い風呂に入り、祝勝の意味を持つであろう紅白の蒲鉾をつまみに飲むビールは何物にも代えがたい至福の時を作ってくれた。

県立多賀高校赴任と同時に同居し、毎朝のトレーニングを共にしていた阿世賀先生の結婚式は3月末に予定されていた。以前から互いの結婚式には必ず出席すると約束していたが、残念なことに、その時期にソ連での試合が決まった。望星塾に出入りする生徒会の役員やクラブのキャプテンたちにその話をすると、生徒会の役員が「先生がソ連に出掛ける前に全校生徒で結婚式をしましょう。それなら阿世賀先生との約束も守れる」と妙に嬉しそうに提案した。阿世賀先生の結婚式の準備は、両人にも秘密裏に行われた。結婚式当日、体育科の後藤一彦先生が車で近くの学校に勤務する婚約者を迎えに出掛けた。阿世賀先生が風邪で熱が出たという嘘《うそ》の理由である。生徒たちは、カーテンを閉め真っ暗にした体育館で蝋燭《ろうそく》に火を灯《とも》して2人を出迎えた。ケーキ入刀のナイフが調理室の包丁だったのは気になったが、生徒たちも結婚式の企画を楽しみ、心のこもったお祝いの会になった。阿世賀先生は全校生徒の前で婚約者とキスをして生徒から大喝采を浴びて会は終了したが、翌日から先生は授業がやりにくいだろなと心配したことを思い出す。

勤めて2年目の1975年に開かれた「ただひたすらに歩く会」は他校の生徒も参加した望星塾の企画だった。福島県の国鉄矢祭山《やまつりやま》駅まで電車で出かけ、そこから多賀高校までの約50キロの道のりを夜を徹して歩こうというものである。当日はあいにく豪雨であったが、約12時間かけて43名が完歩した。この「歩く会」の目的は特になく、銘々が歩いてみて感じたことが目的だという極めて大雑把な企画であったが、阿世賀先生と水戸南高校の黒川喜久雄先生が車を出して救護班を買って出てくれた。黒川先生は国士舘大学柔道部OBで柔道仲間である。当日は豪雨に見舞われたこともあって、体育科の先生方も心配して途中で温かい飲み物や果物などを用意して生徒たちを励ましてくれた。同僚の先生方にとって私は厄介な新米教員だったと思う。

　この企画で気を良くした私は「望星塾新聞」を発行しようと試みた。創刊号は「歩く会」の記事と大学浪人中のOBの近況や、これからの活動計画などであったが、創刊号だけで終わった。今日のようにパソコン

官舎の玄関先に「望星塾」の看板を掲げて生徒との交流を楽しむ（右から2人目、腕を組んでいるのが筆者）

望星塾の行事は毎年、寒中水泳から始まった（後列左端が阿世賀先生、同左から3人目が筆者）

で簡単に新聞が作れる時代ではなく、印刷会社に発注しての出版は私の給料では無理があった。

3年目からは夏休みを利用しての富士登山を企画した。途中、山小屋などには宿泊しない、俗にいうところの弾丸登山である。この富士登山を毎回サポートしてくれたのも黒川先生である。黒川先生とは大学定年後も2人で国内外を旅するなど深い交流が続いている。

ところで、この最初の富士登山は大失敗に終わる。途中で豪雨に遭い、雨具の準備が不十分だった我々は8合目付近で下山することになる。登頂できなかったが私にとってこの登山は思い出深いものがある。7合目を過ぎたあたりで岩陰で雨宿りしている家族に出会った。我々もそこで風雨をしのいでいると、父親が寒さと疲れで泣く小学生ぐらいの子どもに向かって「ここで下山してまた来年来るか、それとも今頑張るか」と話していた。母親は「頑張ろうね」と声をかけていたが、その母親が最も疲労しているように見えた。

結婚したら家族皆で富士登山をしようと決めたのはその時である。私の長男はその犠牲になり、生後11カ月で私の背中に負ぶさって最初の登頂を果たした。この長男が中学1年の時、私に「何で

高校の体育館で行われた
阿世賀夫妻の結婚式（右から3人目が筆者）

我が家は毎年富士山に登るの」と聞いてきた。私が「家族の絆《きずな》を深めるためだ」と答えると、笑いながら「家族の溝が深まっているよ」と言い返した。これがきっかけで家族全員での登山は終わったが、私は相も変わらず教え子たちとの年1回の富士登山を楽しんでいる。

「ただひたすらに歩く会」は雨の中で行われた
（前列右端が黒川先生。その右後ろが筆者）

富士登山は恒例の行事になる（山頂で、前列左から2人目が
金沢修先生、中央が筆者、右隣が黒川先生）

幸の実学園との交流

1977年、高校教員になって4年目の保健体育の授業で「頑張らない人間が他人に頑張れと言っても説得力がない」と話をした。すかさず生徒が「先生は人生は金が全てではないといいますが、金持ちでない先生の言葉に説得力はないですね」と茶化した。私も全

く同感だった。

多賀高校には約千人の在校生がいた。もしも全員が夏休みに3日間、アルバイトをして約1万円を稼いだなら合計で1千万円の大金を手にすることができる。それを自由に使うことができれば金持ちだと単純に思った。当時のアルバイト料は1日約3300円が相場だった。昼休み時間、私は教室を回って「80歳まで生きたなら約2万9200日生きることになる。皆の財布の中に今、2万9200円入っていると思ってほしい。その内のたった3円、すなわち3日で人生にとって大切なことを学べるかもしれない。3日間アルバイトをしてその金を持ち寄らないか」と話して歩いた。

夏休み明け、体育教官室に置いた段ボール箱には賛同してくれた生徒たちのお金が集まった。私も生徒の金額に見合うように1カ月分の給料袋を入れた。独身の国語教師で私の理解者だった金沢修先生も給料袋をそのまま段ボール箱に入れてくれた。その段ボール箱を持って協力してくれた生徒を体育館に呼び集め「予定の金額には程遠かったが、高校生にとっては十分金持ちと言える金額だ。気前よく使おう」と話した。

実は、私には使い道について腹案があった。望星塾に出入りしていた生徒から、「自宅のそばに雑貨屋があり、そこの老夫婦が知的障がい者の施設を運営している。県の認可も下りていないので貧乏だ。小型バスでもあったら活動の範囲も広がると園長が話しているので、車を寄付したらどうか」と聞いていた。

後日、私は茨城県東海村にある老夫婦の営む「幸《さち》の実《み》学園」を見学した。名前も名乗らず、園長である老人に、近いうちに車を寄付したいと言うと、冗談だと思ったのか「若いの、元気があっていいな」と笑って応えた。お金の使い道について生徒の賛同を得た私は、提案をした生徒にお金を渡し、後を任せた。しばらくすると、希望したマイクロバスが高くて買えないと言ってきた。それ

（5版）昭和52年10月30日

多賀高生が愛のアルバイト
幸の実学園に新車
教師や茨城トヨペットも協力

「茨城新聞」に掲載された新車寄贈の記事

を聞いた先生の中には「先日の出張旅費が出たので」と言って旅費の入った封筒をそのまま寄付してくれた方もいた。それでも十分な金額にはならなかったが、金沢先生のアドバイスを受けて、生徒たちは茨城トヨペットに出かけて事情を話すことにした。その結果、店長が値引きしてくれたと聞いた。この後、小規模ながらも毎年生徒たちは「幸の実学園」にプレゼントを贈るなどして交流を続けたのは予想外だった。数年後にこの「幸の実学園」は県の認可を受けた。

授業や部活動以外での高校生との交流は、いつも私の精神の健康度を高め、競技生活にも大きな影響をあたえてくれたと思う。

寝技で勝つ柔道

第２章 体勢別の攻撃法選択 03
仰向けの相手を攻める02＿
両脚抱え込み

寝技で勝つ柔道

第２章 体勢別の攻撃法選択 03
仰向けの相手を攻める03＿
裾を持って横四方固へ

高校教師の道を歩む（5）

1979年12月24日、ソビエト連邦（以下、ソ連）はアフガニスタンに侵攻した。現在のロシアのウクライナ侵攻と同様に西側諸国は経済制裁と軍事支援を行った。その西側の制裁の一つに1980年のモスクワ五輪ボイコットがあった。これによって、178名の日本選手が五輪出場のチャンスを失った。

モスクワ五輪はアメリカや日本のボイコットにもかかわらず予定通り開催され、参加81カ国、世界新記録36、五輪新記録73という結果で幕を閉じる。

モスクワ五輪の次のロサンゼルス五輪は、東側諸国が報復としてボイコットしたが、不思議なことに日本ではほとんど話題にならなかった。

モスクワ五輪のボイコットは、国民の多くがスポーツと政治の関係について考える最初の機会だったように思う。

幻のモスクワ五輪

茨城県立多賀高校に赴任して3年目の1976年、私はモントリオール五輪の代表選考会で南喜《よし》陽《はる》選手（新日本製鉄）に決勝で敗れ、第1補欠だった。私が南選手に勝つことができたのは78年の全日本選抜体重別選手権である。翌年、この大会を連覇した私は、第21回モスクワ五輪の最有力候補選手の位置にたどり着いた。

ところが79年12月、ソ連がアフガニスタンに軍事介入したというニュースが突然として流れた。何が起こったのかよく理解できないうちに、翌月には米国がモスクワ五輪ボイコットを呼びかけ、他国での開催を提案した。当時は今ほど情報量が豊かな時代ではなく、ほとんどのアスリートがソ連の軍事介入と五輪ボイコットが結びつかなかったと思う。

日本政府の動きは早かった。80年2月1日には、現状のままでは五輪参加は不適当と発表する。その後、JOC（日本オリンピック委員会）は政府の圧力と戦いながら最終決定を下す総会を5月24日に開催する。内閣官房長官も出席して開催された総会の投票結果は、参加13、不参加やむなし29、棄権2で正式に日本の五輪ボイコットが決まる。

ボイコットのニュースがテレビから流れている時、私は博多のホテルで翌日開催される全日本選抜体重別選手権大会兼モスクワ五輪代表選手最終選考試合に備えていた。マスコミからであろう電話が何度も鳴ったが一切出なかったことを覚えている。

後に、多くの人から「五輪不参加なのに五輪代表選考試合をする意味があったのか」と聞かれたが、私にとっては大きな意味があった。「泣く権利」の獲得である。試合で勝って代表に選ばれなければ、悔しがる権利も泣く権利もないと思えた。誰もいないところで思いっきり悔しがろう。そのためには何が何でも勝とうというのがその時の心境である。

翌日、私は大会3連覇を果たす。全日本チームの監督であった佐藤宣践先生は、新聞社のインタビューに答えて「こんな悲しそうな勝者の顔は二度と見たくない」と語っている。

ところで、「泣く権利」を得た私だったが、実際には涙一つ出なかった。福岡の試合会場から茨城県の教員官舎に帰る間に考えたのは、オリンピックの意義についてである。教員である私にとってオリンピックへの挑戦は、当時の私のできる唯一の生徒たちに対する率先垂範であり、その意義は明確に存在した。しかし、人類にとっての意義は何なのか明確な答えが見つからなかった。平和の祭典といわれる五輪であるが、平和ゆえ五輪が開催されることは理解できても、平和に対してオリンピックに過度な期待を寄せることは、私には理解できなかった。ただ漠然と、チャンピオンスポーツは人類の進歩に欠かせない「挑戦するＤＮＡ」を受け継ぐための一つなのかなと思った。

大会後、全日本柔道連盟からモスクワ五輪代表選手団が発表になり、優勝者全員が「幻のオリンピック選手」と呼ばれることになる。この大会を最後に引退した選手も多く、4年後のロサンゼルス五輪まで選手を続けたのは最年少だった山下泰裕選手（現ＪＯＣ会長）1人だった。

モスクワ五輪の最終選考試合で優勝を決めた時の藤猪省太選手。悲しそうな勝者の顔に場内は静まり返った

五輪ボイコットから28年後の２００８年5月、この幻のオリンピック選手たちが柔道衣を持って因縁のモスクワの地に立つことになる。この年、北京で開催される五輪に影が差し始め

モスクワでの指導者講習会の集合写真（前列中央が筆者）

ていた。中国のチベットでの人権問題や環境問題である。かつて日本がボイコットした五輪があったことを広く知ってほしいとの願いと、我々と同じ思いをさせてはいけないと考えた私たちは、ロシア柔道連盟の協力を得てモスクワで柔道の指導者講習会を開催した。NHKも同行取材をしてくれたこの講習会には、かつてのライバルたちも駆けつけた。私のライバルだったニコライ・ソロドーヒン選手は、モスクワ五輪の金メダリストで、その前年の世界選手権者でもある。選手時代の鼻髭《ひげ》をたくわえた精悍《せいかん》な顔は白髪交じりの優しそうなおじさん顔になっていた。「柏崎、覚えているかい？　この帯を」。彼は締めていた黒帯を解きながらいきなりそう言った。ロサンゼルス五輪を前にソ連チームが日本で合宿をした際、私がプレゼントした黒帯だった。当時すでに私は現役選手を引退していた。「ロス五輪はこの帯を締めて戦うよ」と言った彼の言葉を思い出した。あれから24年、帯の芯が見えるほど使い込んだ黒帯を手に、「ロシアスタイルの柔道だよ。後ろ帯が最初に切れたんだ。何度も縫ったよ」と笑いながら後ろ帯を持つ組み手をして見せた。帯には何度も縫い込んだ跡があった。

幻のオリンピック代表選手はモスクワ五輪だけの出来事ではなかった。ソロドーヒンも幻のオリンピック代表選手の一人だった。我々がそうだったように、彼もニュースでソ連のロサンゼルス五輪ボイコットを聞いたという。「今は誰も覚えていないだろうな」と互いに笑った。

講習会では、それぞれが得意だった技を解説した。技の解説は全てビデオに収録され、後日、指導者向けのＤＶＤとして編集して全ロシアに配布するという。私の出番が近づくとソロドーヒンが話しかけてきた。「柏崎、巴投げだけで終わるなよ。隅返しと、相手が四つん這《ば》いになった時のこの攻めと、ここからの攻めと……そうだ、あの技も忘れるなよ」。驚いたというよりは、ゾッとした。私の得意技を次々と言い出したのである。紛れもなく28年前のライバルがそこにいた。

ライバルだったソロドーヒン（左）は、古くなった私の帯を使い続けていた

講習会終了後、ロシアの柔道仲間たちが歓迎会を開いてくれた。71キロ級代表だった香月《かつき》清人（当時、大阪府警）が「28年が過ぎ、我々の技は大分錆びついたが、友情や柔道に対する思いには少しの錆もなかった。柔道に乾杯」と杯を挙げた。選手時代それほど交流があったわけでもないライバルたちとの間にも、強い友情が存在することを改めて認識したことを思い出す。ソロドーヒンにはもう帯を縫う必要のないように、私の紅白の帯を渡して帰国した。

転職を決意する

モスクワ五輪の後、真の世界一を決めようと、その年の10月、ＩＪＦ（国際柔道連盟）がカナダのケベック市で国際大会を開催したことを知る人は少ない。日本の幻の五輪選手はこの大会に派遣された。残念なことに東側諸国の参加はなかったが、私はこの大会を全て一本勝ちで優勝した。しかし優勝はしたものの、当時の環境で世界一を目指すことの難しさを強く感じていた。勤務先の校長からも暗にモスクワ五輪後は体育科の先生方に負担をかけないでほしいと言われていた。カナダから帰国する飛行機の中で、年度いっぱいで高校教師を辞めて母校東海大学の近くに引っ越して柔道に専念することを決めた。機内で全日本チームの監督で大学の恩師、佐藤先生にそのことを伝えると、「私に考えがあるから少し時間をくれ」との返事だった。実は以前、佐藤先生から大学に戻ってこないかという話をいただいたが、「高校教師が私の天職と信じています」と断った経緯があった。今さら就職をお願いできる立場ではなかった。それでも、佐藤先生はどうにかしようという対応だったように思う。

いずれにしろ、辞めると決めた以上は、勤務先の校長に考えを伝える必要があった。県立多賀高校の和田保校長にはずっと迷惑のかけっぱなしだった。届け出もせずに富士登山をするなど、勝手に多くの行事を実施し、管理職の立場から見れば出来の悪い青年教師である。退職の話を聞いた校長は引き留める様子もなく、事務方を呼んで淡々と手続きの仕方を説明した。説明を聞きながら、予想通り、私と和田校長とは反りが合わなかったのだと思った。

この和田校長のご子息である和田良覚氏と会ったのは私が55歳のころである。和田氏は当時から有名なスポーツインストラクターとして活躍していた。教え子の紹介で会った和田氏は私に意外な話をした。「うちの家族がそろって夕食を食べる時、父がよく話題にするのが柏崎先生でした。情熱があって今回はこんなことをした、あんなことをしたといつも嬉しそうでした。一度お会いしたいと思い知人に話して機会を作ってもらいました」と言うのである。２００３年に和田校長は亡くなったという。ただただ恥ずかしかった。思い起こせば、７年間務めた多賀高校を退職する時、世界選手権の第１次選考会のため離任式に出席できなかった私のために、個別に離任式を企画し

指導者講習会で講師の技の説明に見入る幻の五輪選手たち（左から筆者、香月清人氏、藤猪省太氏、山下泰裕氏）

カナダ・ケベック市で開催されたカナダ国際大会会場の前で（左から3人目が筆者）

てくれたのは和田校長だった。離任式では、第1次選考会優勝の報告と、世界選手権での優勝を誓い、東海大学の総長である松前重義作詞の「友情の歌」を大声で歌った。当時は気づかなかったが、私の影の応援者だった和田校長とはそれが最後になった。

多賀高校を後にした私は、佐藤先生の力で東海大学に職を得て、恵まれた練習環境の中で世界一を目指すことになる。もっとも、その時は「恵まれた環境」の怖さに気が付いていなかった。

卒業生とともに撮った高校教師最後の記念写真

寝技で勝つ柔道

第２章 体勢別の攻撃法選択 03
仰向けの相手を攻める04＿
股を割って崩上四方固へ

寝技で勝つ柔道

第２章 体勢別の攻撃法選択 03
仰向けの相手を攻める05＿
脚をさばいて十字固へ

大学教員の道を歩む

プロのスポーツ選手は生活を懸けて勝利を目指し、アマチュア選手は夢を懸けて勝利を目指すという人もいる。プロのスポーツ選手は力が衰え、所属先から解雇されることで競技生活を終えるが、解雇されることのないアマチュア選手は何をもって競技生活を終えるのだろうかと、30歳目前の私は考えていた。

競技柔道の世界では、20代が終わろうとする頃には、それまで味わったことのない肉体の衰えとの戦いがプラスされる。たとえ年齢が進もうが、20代前半の練習量を維持できなければ勝利することは難しい。その辛《つら》さに自分自身が敗れるか、あるいは言い訳のできない絶望的な敗北を喫した時が競技柔道からの引退の時というのが当時の私の答えだった。

いずれにしろ、私はプロとアマチュアの中間にあるような大学の教員へと職場を移した。

恵まれた練習環境

東海大学では柔道に関する授業を受け持ったが、当時私に期待されているのは授業よりむしろアスリートとしての競技成績だったように思う。恵まれた練習環境と引き換えに、所属組織のために戦うという新たなプレッシャーが増えることになる。

私の柔道部での役割は、軽量級の朝のトレーニングを担当するコーチだった。転職した第1の理由がこの年に開催される世界選手権優勝だった私は、担当する柔道部員に対して次のように話した。「朝トレは各自でやってくれ。私のトレーニングはだらだらと長いので授業に遅れてしまうだろうから」。当時、柔道部の朝トレの時間は50~60分だったが、私には少なくとも1時間30分は必要だった。なぜなら、29歳の私にはトレーニングの合間に休息が必要であり、毎日のロードワークだけでも40~50分の時間を必要とした。ところが翌日、私のアパートの前には多くの学生が私を待ち受けていた。「1時間目の授業がありません」。笑いながら皆がそう言った。

高校教員と違い大学生相手の指導の楽しみの一つは、時々週末に行われた食事会だった。彼らと酒を酌み交わしながら熱く柔道を語るその会でも、最後は「明日の日曜日はどうしますか」と学生から問われた。「ゆっくり休んで、9時から走ろう。小田急線沿いに走るから帰りの電車賃を持って来いよ」が私のいつもの答えだった。私のコーチングがどれほど役立ったのかは別として、当時の多くの学生が競技者としても指導者としても大いに活躍した。彼らとの交流は絶えることなく今も続いている。

第12回世界選手権大会

1981年6月7日、世界選手権大会の最終選考会が福岡で開催された。全日本選抜体重別選手権大会兼世界選手権代表決定戦と銘打たれたこの大会で、私は5度目の優勝を果たして日本代表に選ばれた。それまでになかったプレッシャーを感じて大会に臨んだことを覚えている。

9月5日、オランダのマーストリヒトで開催された第12回世界選手権大会65キロ級で私は全試合一本勝ちで優勝する。当時は1日に2階級の試合が行われた。そのため試合が重なる選手と同室になるのが慣例だった。私は71キロ級代表の香月清人（大阪府警）と同室だった。香月は学生時代の後輩で前回の世界選手権パリ大会の覇者であり、幻のモスクワ五輪代表選手でもある。やんちゃな面があったが、練習熱心で学生時代から妙に気が合った。2人の予定では二つの金メダルを前に祝杯を挙げるはずだったが、不運にも香月は審判の微妙な判定で敗れてしまう。試合の後、2連覇を期待されていた香月のことを思うと一人浮かれた気分になれなかった。バスルームの中でホテルのレストランで買ってきたビールをそっと飲みなが

東海大学コーチ時代の教え子たちとホノルルマラソンを走る。筆者50歳（左から塚田信哉、筆者、小寺建仁、瀬尾幸矢）

1981年、世界選手権決勝。全て一本勝ちで優勝を決める

香月の長男の名前は筆者と小谷十段の名前から1字を取って「克之」と名付けられた（左から筆者、小谷十段、香月。1983年、カナダ・バンクーバーにて）

ら、お世話になった先生方に少しは恩が返せたのかなと思っていると、香月が帰ってきた。香月は大きな声で「先輩、おめでとうございます。お祝いしましょう」と明るく振る舞ってくれた。その夜、２人は柔道の話を一切しなかった。香月は間もなく長男が生まれる予定だと話してくれた。そして、「先輩、たった今、息子の名前を決めました。克之とします」と突然言い出した。「先輩の克彦から克の字と、柔道部師範の小谷《こたに》澄之《すみゆき》先生から之の字をもらいます」。帰国後、香月は元気な克之を授かった。大阪府警に勤務していた香月は選手を引退後、ナショナルチームの女子コーチを務めるなど、柔道界で大いに活躍した。

この世界選手権で日本選手団は、８階級中４個の金メダルを獲得している。60キロ級の森脇保彦（元国士舘大学教授）、山下泰裕（現ＪＯＣ会長）が無差別級と１００キロ超級の２階級、65キロ級の私である。帰国後、羽田空港で解団式が行われ、佐藤宣践監督と山下選手と私の３人は電車に乗って東海大学近くのそれぞれの宿舎に帰ることになる。２週間ぶりで帰る私のアパートの部屋はかび臭く、風呂を沸かそうとすると茶色に濁った水が出てきた。もちろん冷蔵庫には好物のビールもない。高校の教員時代は、試合の後、官舎に帰るといつも生徒たちが新風呂を沸かしておいてくれ、冷蔵庫にはビールと紅白の蒲鉾があった。そこでは1人でビールを飲みながらも純粋に勝った喜びを味わえた。それは今回のように責任を果たした安ど感とは違ったように思えた。昨今は企業などと契約を結び、競技に専念する選手も多い。そのプレッシャーたるや、いかばかりかと思う。

現役選手最後の試合

この年（81年）の11月、私は左肘の関節内にたまった、俗に「関節ネズミ」と呼ばれる軟骨の除去手術を受けた。翌年2月、思うような稽古ができないので、私は教え子を誘い青梅マラソンに挑戦する。それから約1カ月後、頸椎の変形から頸動脈が圧迫され血栓が生じ、それが脳にとんだことで平衡感覚と一部の皮膚感覚に異常をきたし入院を余儀なくされた。体力に不安を感じたのは初めてだった。2週間ほどで退院したが、内服薬の副作用で体中に湿疹ができたのには参った。

私の体を案じた佐藤宣践先生からは、選手を引退してはどうかと暗に勧められた。数カ月前の世

嘉納杯国際大会で付き人をしてくれた小寺建仁は、全日本学生チャンピオンになった（左が筆者）

界チャンピオンも、退院後は女子部員との稽古が精いっぱいだった。もっとも全日本女子柔道選手権初代チャンピオンの八戸かおりとの稽古は男子選手と変わらないものだった。多少自信のついてきた私は佐藤先生に、9月の全日本選抜体重別選手権大会に出場したいと申し出た。先生はあまり乗り気ではなかったように思うが、私は前年度の優勝者であり出場資格に問題ないでしょうと、強くお願いした。先生には試合で勝ちたいと言ったが、試合出場を目指して厳しい減量や稽古をやり切ることで、これからの自分の健康に自信を持ちたかったのが正直な気持ちだった。

9月19日、全日本選抜体重別選手権で私は同年齢で最も強敵だった佐原恭輔選手（長崎県警、現長崎県柔道協会会長）に敗れ3位だった。佐藤先生からは「あんなところでバランスを崩すのはお前らしくない」と言われたが、私は試合に出場できたことが嬉しかった。

11月12日、4年に一度開催される嘉納杯国際柔道大会が日本武道館で開催された。私は全日本選抜体重別大会3位でこの大会の出場資格を得ていた。試合当日、この大会を最後の試合と決めていた私は、決勝まで勝ち上がった。準決勝から決勝までは2時間程度の休憩時間があった。私は、いつも打ち込み相手をしてくれていた大学の教え子の小寺建仁《こでらけんじ》（現東海大付属大阪仰星高校校長。国際大会等で活躍）と日本武道館の周りを散歩しながら、「俺に優勝する権利があるだろうか」と心の内を話した。私は常に教え子たちに「最も稽古したものが1番になるべきだ。2番目に稽古したものが1番でもダメ、3番でもダメだ」と話してきた。この1年、病気のために私の稽古量は極端に少なかった。小寺は強い口調で言った。「先生は今大会の最年長選手だと思います。ですから今年一年の稽古量は少なくても、トータルの稽古量は出場者の中で1番です。優勝しなければ先生の考えに反します」。私は、救われたと思った。

決勝は2カ月前の試合で敗れた佐原恭輔だった。「有効」のポイントを取り、その後「有効」を取り返される接戦だったが、7分間の試合時間を2分16秒残して大内刈で優勝を果たす。一本勝ちでの優勝は嬉しかったが、試合開始線に戻る時、「あと2分16秒は日本武道館を独占できたのに」と思った。

表彰台で生涯のライバルだった佐原（左）に引退を告げると、佐原は「俺はもう少し頑張る」と応えた（1982年、第2回嘉納杯国際大会）

引退試合となった嘉納杯国際大会は、多賀高校の教員時代同様に自分のための戦いだった。思わぬ病気をしたことで、他人の目を気にすることも所属先からのプレッシャーも感じることはなかった。最後の試合の勝利の味が、多賀高校教員時代と同様だったことがたまらなく嬉しかった。同時に自分の考えていた選手引退とは違ったことに、少しの戸惑いを感じた。

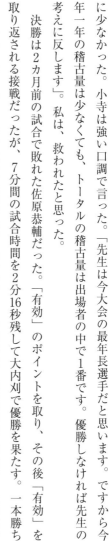

最後の試合となった嘉納杯国際大会には、最初に柔道を教えていただいた久保正太郎先生（前列右端）をはじめ多くの仲間が応援に駆け付けてくれた

寝技で勝つ柔道

第２章 体勢別の攻撃法選択 04
四つんばいからの攻め01＿
脇をすくわれた場合

寝技で勝つ柔道

第２章 体勢別の攻撃法選択 04
四つんばいからの攻め02＿
脇下に手を差し込みにきた場合

英国留学（1）

全日本の強化選手になると海外に出る機会も増える。今の選手ほどではないが、私の時代も海外渡航の機会は多かった。とはいっても渡航のほとんどは試合出場が目的であり、空港、ホテル、練習会場、試合会場の往復だった。たとえ試合後であっても、観光や選手間の交流に興味を示すようなエネルギーは残っていなかった。帰国後、垣間見た異文化を自慢げに話すことはあったが、航空券やホテルの手配の方法すら私は知らなかった。

それでも海外の文化を学び、多くの柔道人と交流してみたいとの思いは、海外に出る度に膨らんでいったように思う。

ロンドン武道会

1982年11月、第2回嘉納杯国際柔道大会を最後に選手生活を終えた私は、二つの相談事を持って恩師の佐藤宣践先生宅を訪問した。一つは、東海大学を退職して欧州に留学したいとの思いを伝えるためである。もう一つは、結婚の媒酌人のお願いであった。私の留学に関しては、近い将来、東海大学の松前重義総長が「国際武道大学」を開設する予定であり、採用されたなら帰国後に留学の経験を活かせるだろうと賛成していただいた。また、留学費用は文部省の「スポーツ指導者在外研修事業制度」を利用してはどうかとのアドバイスと、そのために全日本柔道連盟の推薦を得ることにも尽力するとのことだった。結婚の媒酌人の件は、「私は若すぎるので」との理由で断られたが、先生の奥様を口説き落とすことで最後は承諾していただいた。

１９８３年4月、無事に結婚式をすませた私たちは、松前総長のはからいで大学教員の肩書のままで1年間の英国留学に旅立つことになる。

日本を旅立つ時、成田空港の出発ロビーで思わぬ人と出会った。私の受け入れ先の「ロンドン武道会」（以下武道会）の理事でＢＢＣ（英国放送協会）の元日本語部長トレバー・レゲット氏である。レゲット氏は当時柔道八段で『紳士道と武士道』の著者としても有名だった。挨拶に行くと、レゲット氏は私の英国留学のことを知っていた。そして流暢《りゅうちょう》な日本語で「異文化交流を楽しみなさい」と優しく話してくれた。その後「源氏物語は読みましたか」と聞いてきた。「いいえ」と答えると、「シェイクスピアは読まなくても問題ないが、日本のことを知らないと異文化交流はできませんよ」と続けた。後にそのことの意味が良く分かった。留学中に私に浴びせられた質問の多くは、日本の文化、歴史、地理等であり、私は日本の面積すら答えることができなかったことを恥じることになる。

武道会は、１９１８年に小泉軍治たちによってロンドンの中心地に創立された欧州で最も古い柔道クラブである。このクラブが中心になり英国柔道協会ができ、後に欧州柔道連盟に発展した。その欧州柔道連盟の働きかけによって１９５１年に創立したのが今日の国際柔道連盟である。日本は

欧州で最も古い歴史を持つ「ロンドン武道会」。今も外観は変わらない

1988年、トレバー・レゲット氏は国際武道大学の名誉教授となる（左、松前重義国際武道大学初代学長・理事長）

翌年に加盟している。

初めての渡英であったが、ヒースロー空港には多くの武道会メンバーが出迎えてくれた。最初の簡単な挨拶は英語で話そうと準備していたが、相手の英語がまったく聞き取れず、薄ら寒い空港で汗びっしょりだったことを覚えている。

武道会が用意してくれた私たちの新居は、武道会のメンバーで女医のディアナさん宅の一室だった。大きな庭付きの家には、私たち以外にも2人の下宿人がおり、シングルマザーのディアナさんには4歳の娘と9歳の息子がいた。2人の下宿人も子どもたちも柔道を学んでいるという。4歳のませた娘ライラや下宿人のビリーは私たちの英語の良き練習相手でもあり、週末には一緒に小旅行にも出かけた。

留学の目的である語学力向上と欧州の柔道クラブの実態を知るために、私は受け入れ先の武道会で上級クラスの柔道指導を手伝うことにしていた。武道会には英国ナショナルチームの他にも、欧米からも国際レベルの選手が訪れ活気に溢《あふ》れ

ホームステイ先の家族と下宿人仲間たちとは、しばしば連れ立って小旅行に出かけた

世界チャンピオンのニール・アダムス（右）もロンドン武道会のメンバーで英国柔道界のスター選手だった

ていた。

当時の英国柔道界はニール・アダムス（81年、71キロ級世界選手権1位）やジェーン・ブリッチ（80年、48キロ級世界選手権1位）、カレン・ブリックス（82、84、86、89年、48キロ級世界選手権1位）、ロレッタ・ドイル（82年、52キロ級世界選手権1位）などスター選手が多かった。この年の英国柔道連盟への登録者数は約4万5千人、有段者約6千人であったが、1964年東京五輪の英国代表で英国柔道連盟会長も務めたシド・ホア氏は、1980年代が英国柔道の黄金時代であり、登録費の支払いを渋る人が多く登録者数こそ少なかったが、実際の柔道人口は10万人を超えていただろうと述べている。

フランクとの出会い

武道会では技の説明はもちろんであるが、階級を超えてほとんどのナショナルチームメンバーと稽古することが務めだった。そのため、現役時代と同様に朝のトレーニングは欠かすことができなかった。私が朝トレーニングをしていると知った武道会の4人の選手が、毎朝ホームステイ先の玄関前で待つようになったのは、渡航して2週間たった頃である。4人のメンバーはポール（71キロ級英国2位）、フランク（60キロ級英国ジュニア2位）、ジム（95キロ級英国ジュニア1位）、エディ（私の英語教師で柔道三段）である。

左からフランク、家庭教師のエディ、レイ・スティーブン（後にバルセロナ五輪2位）、筆者

最年少のフランクは19歳。まだ茶帯だったが皆から修行僧と呼ばれるほどストイックに柔道に打ち込んでいた。アルバイトで生計を立てているフランクは、電車代を節約するため毎朝自転車を飛ばして参加していた。私を含めて5人でのトレーニングは近くの陸上競技場で約1時間行われ、400メートルのインターバル走、得意技の単独練習、相手をおんぶしてスタンドの階段を駆け上るなどをした。階段を駆け上る時、「フランク、声を出して気合を入れろ」と話した。私の英語が拙いために、フランクは大声で「キアイ、キアイ」と

叫びながら駆け上った。私が手本を示すと、数日後にフランクはやっと大声を出すことの意味が分かったと言ってきた。フランクが言うには、疲れた時とか苦しい時、大きな声を出すと思考力がなくなり、休みたいとか苦しいとか考えなくなるらしい。「先生、大声を出しながら簡単な足し算をしてみてください。できませんよ」。日本の練習現場では当たり前のことでも、もう一度その意味を確認しようと思ったのはフランクのこの言葉からだった。

フランクの最終目標は8月18日に開催される英国選手権での優勝だという。8月に入りフランクの練習はますます熱を帯びてきたが、私の見る限り、フランクの実力は優勝できるレベルではなかった。試合を数日後に控えたフランクは、しきりに「平常心」という言葉を使い始めた。何かの本で読んだらしい。私は、平常心は実力のある人が必要とする考え方であり、実力以上のものを出そうと思うなら「火事場のバカ力」のような「狂う」ことが大切だと話した。翌日、フランクが「昨日は犬に向かって吠《ほ》えて狂う練習をしてきた」と言ったのには大笑いしたが、試合当日は見事に狂った。溢れんばかりの自信が全身にみなぎっていた。決勝こそ欧州選手権3位の選手に敗れたが、接戦だった。それでも、優勝を目指して狂っていたフランクに笑顔はなかった。

フランクたちとの朝トレーニングは帰国前日まで続いた。帰国の日、飛行場まで見送ってくれたフランクは、私にお礼だといって紙袋を差し出した。開けてみると、英国の有名ブランドのブランデーグラス2脚が入っていた。以前から欲しかったが、私には手が届かないほど高価なグラスだった。フランクの貯えの全てがグラスに代わったと思った。

フランクとの再会はそれから5年後のことである。仕事でロンドンに出掛けた私は、既に柔道をやめていたフランクと武道会で会うことになる。仕立ての良い背広を着たフランクはビジネスマンになっていた。「柔道をする目的はさまざまだ。健康のためでも仲間づくりでもいい。試合に出なくても柔道を楽しめよ」と私はフランクに柔道復帰を促した。フランクは、「私にとって柔道は青春の全てだった。柔道から多くを学んだ。私には楽しむための柔道はできない」と、すまなそうに話した。よく見ると白いワイシャツの下に、最後の朝トレーニングの後に渡した私の使い古したミズノのTシャツが透けて見えた。次の言葉が出なかった。彼はその後、デンマークに移りビジネスマンとして大成した。

ロンドン武道会主催の歓迎会（前列右から2人目が筆者）

当時、日本の柔道と海外の「JUDO」は違うと言う人がいた。多くの国を旅してきたが、日本の柔道も世界のJUDOも大きな差のないことを最初に教えてくれたのはフランクだった。

ロンドン武道会主催の歓迎会（前列中央が筆者）

寝技で勝つ柔道

第３章 投技から固技へ 01
投技から固技への連絡

寝技で勝つ柔道

第３章 投技から固技へ 02
隅返から抑込技へ

英国留学（2）

異文化交流は、お互いの文化の違いを発見することから始まり、最後は人間社会の多くの共通点にたどり着くといわれる。

ホームステイ先での夕食は帰宅時間が異なるため、ホームステイ先の家族、2人の下宿人、私たち夫婦が個別に作って食べていた。妻は私のために日本食を作り始めた。ホームステイ先の子どもたちが日本食を食べたいと言い始めたのをきっかけに、下宿人も含めて週に数回は皆で夕食を取るようになったのは英国到着後、半月もたたない頃である。お互いの料理を持ち寄っての楽しい食事だったが、私が妻に「おかわり」と茶碗《わん》を差し出すと、女主人が「自分でしろ。須美子は席を立つな」ときつく言うのには困った。また、結婚記念品として友人から頂戴したサイズの異なる夫婦《めおと》茶碗を見て、日本の女性は器でも差別を受けていると言われたのにも参った。それでも、いつしか人間社会の共通点にも気付き始めた。

英国のスポーツクラブ

中学や高校、あるいは大学の運動部活動が日本ほど大規模に成立している国は他にないといわれる。裏を返すと、社会体育の大きな遅れを意味する。英国を中心に垣間見たスポーツクラブは、老若男女が和気あいあいとスポーツを楽しむ社交の場にもなっていた。

ロンドン武道会（以下武道会）で私は上級クラスの指導を受け持ったが、そのクラスですらナショナル選手レベルから3級レベルの女性まで参加していた。稽古も決して強要されることはなく、それぞれが自由に乱取りをこなす。

日本の道場では礼法やマナーが厳しいが、武道会ではそのことを厳しく指導するコーチがいないため最初は多少気になった。しかし、国際的なマナーもできない私が、英国の紳士・淑女に日本式の礼法やマナーを押し付けることには抵抗があった。そこで私自身がいつもより大げさに礼をし、「お願いします」「ありがとう」と大きな声で言うことにした。もっとも、私が「お願いします」と言うと相手は「OK」と応え、「ありがとう」と言うと「どういたしまして」と応えるのには戸惑った。また、なぜ世界チャンピオンが私たちに「お願いします」「ありがとう」と言うのかと聞かれる時もあったが、これまで深く考えたことがなかった。それでも、いつの間にか道場には誰かが書いた「ONEGAISIMASU」と「ARIGATOGOZAIMASU」の紙が張り出され、ついでに私の口癖だといって「MONDAINAI」(問題ない)も追加された。気になっていた道場入り口の靴やスリッパの乱れは、妻がいつも揃えているうちに「ゴメン、須美子」と言って皆が揃えるようになった。

日本で部活動を指導していた時はあまり褒めることがなかったが、年長者の多い道場ではひたすら褒めた。準備運動のための回転運動ですら「体操選手みたいだね」と褒め、できなければ「単なるウオーミングアップだよ。問題ない」と慰めた。1時間30分程度の稽古時間だったが、技の勉強時間を多くしたため、乱取りは45分程度で、ハイレベルの技術や乱取りを必要とする選手には練習後に道場に残って指導することにした。もっとも、英国の柔道クラブでは練習後に「第2道場」に行く習慣があるので長時間はできなかった。「第2道場」とは近くのパブ（居酒屋）のことである。ここでは、先生も弟子もない。先生とは柔道場でのことで、一歩出れば私は「カシ」とニックネームで呼ばれる。それでも日本の感覚の抜けない私は、先生の立場から当然のように若い選手にビールやジュースをおごっていた。ある時、私の英語教師で柔道三段のエディからそのことを注意された。ここでは皆が対等であり、若者であっても次は私がおごる番だと気を遣うだろうし、必要のない出費にもなるというのである。ある道場生は、「日本人は人におごるのが趣味だから」とも言っているという。柔道の指導者に過ぎないのに、いつの間にか上から目線でものを見る習慣がついていることに気が付き、恥ずかしかった。ところで、年下の選手から「カシ」と呼ばれるのには正直抵抗があったが、これはいつの間にか「センセイ」と呼ばれるようになっていた。誰かが日本の習慣を教えたと思われる。はるかに彼らの方が大人だったのかもしれない。いずれにしろ、柔道場よりも〝第2道場〟での英語がスムーズだったことは言うまでもない。

英語版柔道の本を作る

世界選手権で優勝したころから柔道の技術書を作りたいとの思いがあり、構想をノートにまとめていた。年末の武道会最後の稽古が終わると、「あなたのお陰で今、一番柔道が楽しい。何かお礼がしたい」といつもの恰幅《かっぷく》の良いおじさんが言ってきた。週に3度、ロールスロイスに乗って若い女性とともに稽古に参加するおじさんの仕事を聞くとカメラマンだという。「ちょうど良い、今書いている本の写真をお願いできませんか」と言うと、スポーツの写真は撮ったことがないので少し考えさせてほしいとのことだった。「なんだ、柔道の写真も撮れないヘボカメラマンか」と思った相手がテレンス・ドノヴァンだった。現在は、ロンドンのライカショップのそばに、カメラを構えた等身大の彼の銅像がある。ファッション誌「ヴォーグ」や「クィーン」のカメラマンで、サッチャー首相やダイアナ妃なども撮影していた世界的写真家テレンス・ドノヴァンのことを私は何も知らなかった。

年が明け、写真のレイアウトなどは全てドノヴァン氏に任すことで撮影が始まった。「受け」をしてくれたのは、いつも稽古相手だったレイ・スティーブン（バルセロナ五輪2位）やフランク（英国選手権2位）だった。私の家庭教師エディも撮影現場に駆け付け、アドバイスをしてくれた。本のレイアウトは多少、私の構想とは違ったが、写真の出来栄えには驚いた。「この本は売れるよ。柔道家ばかりでなく、たくさんの写真家が買うからね」とドノヴァン氏も楽しそうだった。

『FIGHTING JUDO』と名付けた技術書には技術の説明の他に多くのエッセイを書き込みたいと考えていたが、私にそれを書き上げる英語力はなかった。すぐに思い浮かんだのが、ニッ

仲間の協力で出来上がった柔道の技術書『ファイティング柔道』には多くのエッセイを織り込んだ

『ファイティング柔道』の撮影に協力してくれた仲間と写真家のドノヴァン氏（後列右）

言葉の壁を越えて交流が続いたニックさん（右）と義母（左）

武道会の仲間を誘って英国のマラソン大会に挑戦する（右から3人目が筆者）

クさんだった。ニックさんはニコラス・ソーマスといい、フリーランスのジャーナリストでクラシック音楽誌「グラモフォン」や「タイムズ」「デイリー・メール」などの全国紙に柔道と音楽の記事などを書いていた熱心な柔道愛好家だ。武道会が休みの時は、2人で「古式の形」なども練習していた最も気の合う仲間の一人だった。

　早速ニックさんに私の拙い英語を直してほしいとお願いした。ニックさんは忙しいのにもかかわらず快く引き受けてくれた。話の最後に費用の話をした時、ニックさんの顔色が変わった。「先生は以前私に何と言った。友人からはお金は貰わないと言ったではないか。私はあなたの友人ではないのか」。半年以上も前に私はニックさんが教えている道場で子どもたちを指導したことがあった。小さな古い道場で、その名も「HURUI DOJO」といった。2回に分けて50人ぐらいの子どもたちを教えての帰り道、私がニックさんに言った言葉をそのまま言い返された。

ニックさんは後に「IPPON BOOKS」という名の出版会社を興して多くの柔道技術書を世に出し、さらにはオーディオ書の世界に進出して、世界的に有名な「ナクソスオーディオブック」を共同で立ち上げた。

そのニックさんが、私が国際武道大学に勤めて2年目の年、1カ月ほど我が家に滞在したことがある。ちょうど長女が生まれ、妻の母が家事を手伝いに来ていた時期である。ニックさんはベジタリアン（菜食主義者）であることを義母に話して食事の準備をお願いしていたが、私が大学に、妻が病院に出かけている間に義母は玄関の鍵を掛け、窓のカーテンを閉めてニックさんがいる部屋を訪ねたという。義母は大きなステーキを乗せた皿を手にして、「誰も見てないからステーキを食べなさい」と、身振り手振りでニックさんに渡したというのである。義母は外国人が肉を食べないはずがなく、ニックさんは肉が高価なので遠慮していると思ったようである。茨城県出身の義母は英語がまったくできなかったが、しばらくするとニックさんに生け花を教え始めた。2人の会話はニックさんの片言の日本語と義母の茨城弁であったが、何不自由ないように見えた。ニックさんの帰国後も、義母とニックさんの手紙での交流は孫の力を借りてしばらく続いていた。言葉に勝るものがあると改めて感じた出来事だった。

話が飛んでしまったが、多くの仲間たちの協力の基に私とドノヴァン氏の『FIGHTING JUDO』は予想を超える出来栄えで出版され、英国留学の良い思い出にもなった。

武道会の寒稽古

帰国を1カ月後に控えた1984年2月、英国が一番寒い時期の朝6時から7時30分までヒーターを止め、窓を開けて「寒稽古」をしようと提案した時には、多くの仲間が驚いた。「寒い時は暖かくしてケガのないようにすべきだ」「先生はロンドンの寒さを知らない」などと反対意見が多かったが、私は「黙って1週間やってみよう。何かを学べるはずだ。寒稽古では皆の嫌いな打ち込みと投げ込み、そして寝技をしよう。その後は30分間、柔道衣1枚で外を走る」。こんなやり取りがあったが、どこで話を聞いたのか、目新しい顔が意外に多かった。この寒稽古の皆勤者は34名と予想をはるかに上回った。武

多くの仲間の協力によって
英国初の寒稽古が行われた
（前列右から3人目が筆者）

武道会のメンバーとトライした
パラシュートジャンプ
（右が筆者、左が妻）

道会メンバーのピーターは皆勤証書を作り、トレーシーは記念Tシャツをデザインしてくれた。寒稽古の終了後、妻の作った雑煮を皆で食べていると参加者からのお礼だといってパーカーの万年筆をプレゼントされた。

皆勤賞の最年長者は、80歳のジョン・バーンズ氏だった。熱心な老人だと思っていたら、1948年創立の欧州柔道協会初代会長だったのには驚いた。54歳になるドクターも熱心だった。彼は英国の眼科の権威だと聞いた。柔道を始めてまだ1年足らずで4級だという。「もし私が来年までに1級を取ることができたなら、日本のあなたの大学で柔道の練習をさせてほしい」とドクターは話してくれた。欧州のスポーツクラブの魅力を知るとともに、いつの間にか心の通う多くの友の存在に気が付いた寒稽古だった。

英国滞在は約1年間という短い期間であった。それでも英国内はもちろん、フランス、ドイツ、スペイン、オランダ、スイス、オーストリアなどを柔道衣持参で複数回にわたり旅した。そこでは、各国の柔道家ばかりではなく、多くの日本人指導者と出会い、それぞれの国の柔道事情を知ることができた。また武道会初の寒稽古の企画、誰でも参加できる日曜技術教室の開催、マラソン大会やパラシュートジャンプへの挑戦などを通して柔道仲間との絆を深めていった。

語学力は思ったほど向上しなかったが、異文化の中で言葉の不自由さを感じて生活する留学生や海外からの柔道研修生の不安な気持ちが多少なりとも理解できた。帰国後、国際武道大学に勤務してからは、可能な限り海外からの研修生を自宅に招き、食事を共にしながら交流を深めることを心がけた。妻も同様で、食事を作ることを厭《いと》わなかった。大学のそばにある小さな我が家の6畳の和室で食事をした海外からの柔道仲間の数は、退職までの33年間で2千人を超える。

私自身も、また受け入れてくれた武道会の仲間たちも、互いにカルチャーショックを受けながら、人間社会の共通点に気が付いた意義深い1年だったように思う。

留学中、欧州には多くの日本人指導者がいることを知った。
1976年からスペインで柔道を指導されている平戢（たいらしゅう）先生主催の講習会で
（前列中央が筆者、左隣が平先生）

寝技で勝つ柔道

第３章 投技から固技へ 03
浮技から抑込技へ

国際武道大学での指導（1）

英国から帰国した私は、新設の国際武道大学の講師となり柔道部監督として部の運営と強化を任された。日本で最も規模の大きい柔道部のスタートである。開学間もなく、大学時代の恩師で東海大学柔道部の強化を一から手掛けた佐藤宣践先生から短い手紙が届いた。その中に、自らの経験から得たであろう私へのアドバイスが書かれていた。

「前略　国際武道大学の勤務、対学生、対教職員、対市民　ｅｔｃ．色々大変なことと思います。軌道にのるまでやはり時間がかかります。１、スカウト　２、柔道の指導　３、授業と私生活の指導　４、就職　これが指導強化の４本柱でしょう。焦らずに24時間勤務のつもりで頑張ってください。母校東海大学を大いに活用してください。草々」

柔道部のスタート

１９８４（昭和59）年４月12日、新設されたばかりの国際武道大学３号館に新入学生５１５名が顔をそろえ入学式が行われた。そのうち83名が武道学科で柔道を専攻し、同時に柔道部に入部する。部活動は必須であった。

初年度は、柔道部長：樗澤隆治《ぶなさわりゅうじ》（早稲田大ＯＢ、南米で指導）、監督：柏崎克彦（東海大ＯＢ、英国で指導）、コーチ：宮腰浩一（日体大ＯＢ、米国で指導）、春日俊（早稲田大ＯＢ、米国で指導）、

国際武道大学を象徴する武道館（開学当時）

石井兼輔（天理大ＯＢ）でスタートするが、後に中西英敏（東海大ＯＢ）、松本安市（武専ＯＢ、１９６４年東京五輪監督）、若山英央（東海大ＯＢ）、越野忠則（東海大ＯＢ）、矢崎利加（国際武道大ＯＧ）、前川直也（順天堂大ＯＢ）、大島修次（国際武道大ＯＢ）が柔道部の運営に携わる。豪華なスタッフである。

開学４年目には柔道部員も３００名を超え、４００畳の柔道場が手狭になり大学は新たに３１５畳の第２武道館を新設する。

大学の授業や柔道部の強化運営の合間に大学時代の恩師佐藤先生のアドバイスに従い高校生のスカウトを始めることになる。先輩教員の中には、アマチュアスポーツや学校スポーツにスカウトは必要ないとする意見もあった。入学した学生を鍛えて強くしてこそ教育であり、指導者の腕の見せどころであるというのである。「あなたは柔道部の学生を大学の宣伝の道具と思っているのか」という厳しい指摘もあった。真っ当な考えであるが、競技レベルの高い学生が入部することによって柔道部全体のレベルアップに繋《つな》がると同時に、柔道部員の約２割しか公式戦のチャンスに恵まれないことを思うと、少しでも早く学

世界各地から多くの柔道研修生が国際武道大学を訪れる。写真のオーストラリア女子チームを引率したのは柔道部OBの中村年秀（2列目右端）

生チャンピオンを輩出して「帰属の誇り」を持たせたいというのが私の考えだった。当時の学生は大学名の入った遠征用のスポーツバッグを肩に担ぐ時、誰もが大学名を隠すように内側に向けていた。

母校東海大学の柔道部も全日本学生優勝大会で優勝するまでに10年を要した。山下泰裕という超高校級のスカウトを成功させての優勝だった。その優勝を機会に柔道部に大きな変化が起こったことを思い出す。柔道部員はもちろん、OBまでが「東海」と胸に書かれた何の変哲もない無地のTシャツを着始めたのである。それは、「私も同じ大学の道場で、同じだけの汗を流した柔道家の一人である」と誇らしげだった。

高校生をスカウトするに当たり私には大きな問題があった。私自身がスカウトされた経験もなければ、スカウトした経験もなかった。将来伸びる選手の見方も分からなければ、何と言って高校生に声を掛ければ良いのかも分からない。優れた成績を残した高校生には多くの大学から声がかかる。それらの大学よりも新設の国際武道大学に入学するメリットが何であるのか私自身も答えが見つからなかった。30代の私は常に柔道衣を持参して、高校生と稽古し、一生懸命育てることを伝え、帰りには名門高校の監督にスカウトのコツを聞いて歩いた。高校教員だった私の経歴は先生方との距離を近づけてくれたように思う。もちろん他のコーチたちも同様に日本中を歩き回った。当時のコーチたちには日曜も祭日もなかった。それぞれの出身大学のコネを使い、それぞれの持ち味を発揮して情熱的にスカウトや学生の指導に努めてくれた。その結果、間もなく柔道コースの受験生は定員の約2倍になった。

1期生の研修先は香港・マカオ・広州（写真は第1班）で、ほとんどの学生は初めての海外だった

最初の外国人柔道研修生のポールが帰国する際は勝浦市民有志による送別会が開かれた（前列中央がポール）

柔道部の強みとは

国際武道大学柔道部のセールスポイントが見えてきたのは開学2年目頃からである。他の大学に比べ、国際交流の機会が圧倒的に多いことに気が付く。大学の創設者で理事長・学長である松前重義博

今年の7月、ポール（最前列左から3人目）は英国ハロースクール柔道部を引率して勝浦を訪問した（国際武道大学柔道場にて）

士は当時、国際柔道連盟の会長を務めており、多くの国から日本での練習場所の提供を求められていた。その受け皿となった国際武道大学には、年間を通して海外からの柔道研修生は引きも切らなかった。同時にお返しとしてキューバ、イタリア、デンマーク、ソ連（当時）、オーストリアなど多くの国からも招待状が届くようになる。私が監督を務めた14年間だけでも海外からの柔道研修生は57カ国1778名にも及び、多くの学生が招待を受けて国際大会にも出場する機会を得た。

「これからの若者は海外にも目を向けるべきだ。柔道を学びながら世界を知ろう。その機会をつくるためと競技力向上のために我々指導陣は全力を尽くす。レギュラー選手になれたなら海外に出る機会はさらに多くなる。他大学とは比較にならない」。国際武道大学の名前にこそ柔道部のセールスポイントがあったことに気付いた指導陣は、自信を持って学生募集に駆け回ることになる。

海外からの受け入ればかりでなく、全ての柔道部員にも渡航の機会が必要だと考えた我々は、海外研修のために全柔道部員に毎月3千円の積立貯金をすることを求め、それを主務の学生が管理することにした。開学3年目の夏、1期生全員での初の海外研修が行われる。研修先は香港・マカオ・広州であった。徐々に研修先も増え10期生の時にはイスラエル、デンマーク・フィンランド、香港・広州、タイ、ベトナムの5グループに分かれて研修を行っている。後に柔道部の行事ではなく大学の授業として単位化も認められた。これらの経験を通して多くの学生が海外に目を向ける機会を得たと思う。私が退職するまで、1年以上の長期にわたり海外で柔道指導に携わった柔道部卒業生は42名におよぶ。

勝浦市民との交流

国際武道大学の最初の外国人柔道研修生は、当時英国選手権71キロ級第2位のポール・アジャラである（1位は世界チャンピオンのニール・アダムス）。開学間もない1984年6月、ポールはロンドン武道会と母校からの支援を受けて国際武道大学に短期留学した。国際武道大学も滞在費の援助を行っている。大学にはまだ国際交流会館はなく、近くの日本武道館研修センター（以下、研修センター）に宿泊することになる。ポールの柔道に対する真摯な態度はすぐに柔道部員に受け入れられた。それればかりか、いつの間にか研修センターの職員や研修センターのある千葉県勝浦の市民との交流も始まり、誘われて富士登山に挑戦したり、夕食の招待を受けたりするようになる。半

土川一克（右端）は、大学院修了後、オーストリアで2年間柔道指導を務めた

山口勝浦市長（最前列中央）主催の食事会。市長は柔道部の指導者の家族をいつも気遣ってくれた

年に満たない短い滞在だったが、ポールは勝浦を第二の故郷だと胸を張る。現在、英国で450年の歴史を持つ名門パブリックスクール、ハロースクールの柔道部の監督を務めるポールの楽しみの一つが、数年に一度、柔道部員を引き連れて勝浦を訪れることだという。今年も7月に勝浦を訪問し国際武道大学で短い柔道研修を行ったが、知らせを受けたOBの中にはわざわざ勝浦まで足を運んでポールとの再会を楽しんだものもいる。

「選手の皆さんを連れてきてください。日本の料理をご馳走させてください」。そう言ってくれたのは地元の海鮮料理店の主人だった。インドネシア女子チームは、自炊で予算を節約しての柔道研修だった。せっかく来日したのだから選手たちに本当の日本料理を食べさせたいと話すと、すぐにその言葉が返ってきた。日本食のコース料理を堪能した選手たちの顔は道場では見ることのない笑顔だった。漁師町らしく勝浦市民の言葉はぶっきらぼうに聞こえるが、その優しさに学生ばかりか海外からの研修生も大いに助けられた。

勝浦の市民よりもさらに我々の力になったのは、指導陣の奥様方であったろう。当時の柔道部のコーチたちは若く、奥様方も子育てに忙しい時期であったが、海外からの研修生を積極的に家庭に招待して柔道部をバックアップしてくれた。また我が家で数多い外国人研修生を招待する時は、料理を作って運んでくれた。冒頭に紹介した大学の恩師佐藤先生の手紙にある「24時間勤務のつもりで頑張れ」のアドバイスに準じたのはコーチだけではなく、その家族も同様だった。

その家族たちを心配して、何度となく指導陣の家族を自宅や料理店に招待してくれたのが勝浦市に大学を誘致した山口吉暉市長である。山口市長は地元の旧制大多喜中学校を卒業後、明治大学に進学し柔道に明け暮れた学生時代を過ごしている。路線バスで通勤する市長は、当時すでに5期目を務めていたが、自宅にはクーラーもなく驚くほど質素な生活をしていた。「市長になって、この街に日本で一番大きな道場が作りたかったんだ。それが、日本武道館研修センターと国際武道大学の誘致だよ。当時、私が教育の話をすると、お前の教育は狂育の間違いだろうと仲間に笑われたよ」と話したのを懐かしく思い出す。

大学の名に恥じない国際性は多くの勝浦市民や関係者の優しさの下に築かれたものであることを改めて感じると同時に、新しいものを作り上げる時は誰もが夢中になれるものだとも思う。

寝技で勝つ柔道

第３章 投技から固技へ 04
巴投から十字固へ

国際武道大学での指導（2）

母は柔道が好きではなかった。それは私が柔道で何度も怪我《けが》をしたことが原因だと思う。柔道に夢中になり始めた高校時代も、柔道を続けたいと大学を選んだ時も反対だった。社会人になり全日本体重別選手権で優勝した時ですら「いつまでそんなことしているの」と厳しかった。その母が、いつしか私の好きな柔道の世界を認めたと感じた時があった。柔道にしか興味を示さない私に「井の中の蛙《かわず》」だよと言っていた母が、その後の句を教えてくれた時だった。母は、「井の中の蛙大海を知らず」の後に「されど空の深さを知る」と続くと話してくれた。柔道という小さな世界ではあるが、その世界を通して人間社会の深さを知ることができる。目を凝らして空の深さを見ろと教えてくれた。

成長を目指す目的集団

国際武道大学柔道部は日本一、部員数が多かった。それゆえ、部員の8割程度が公式戦に出られないという厳しさがあった。試合に出られない学生も選手と同じように真剣に稽古に取り組み、一つの達成感を持って卒業してほしいとの願いから「少しでも強くなれるように努力しよう。そしてその過程を通して人生を学ぼう」。これが柔道部員の共通した目標であると学生に告げた。

日本一になるのは個人の目標で、柔道部はあくまで努力することを目的とした目的集団であることを求め、全ての部員に妥協を許さなかった。また、努力することの基本は継続することであるとして、年末には稽古の皆勤者に記念品を渡すことにした。記念品の多くはトレーニングシューズだったが、部員の半数以上がそれを手に入れた。

卒業式には、4年間耐え抜いた者の証しとして銅板に名前を刻んで道場に掲げて讃《たた》えた。さらに、トレーニングで頑張る学生を中心に地元勝浦で開催される駅伝大会に参加し、部員全員でこれを応援することにした。この駅伝は1チーム6人の編成だったが、柔道部は毎年7、8チーム参加し、教員もチームを作ってそれに加わった。ある時、一般の部で優勝を狙った私は、勝負にこだわり重量級の石井兼輔コーチを出張に出して他のクラブの若い先生と入れ替えた時があった。後で石井コーチから「先生の意図は見えていましたよ」と笑われた。

勝浦市の駅伝大会には、毎年多数の柔道部のチームが参加し、真剣に勝負を競った

成人式を迎える学生には、両親に感謝の手紙を書かせ、柔道部員の集合写真と共に送らせることにした。両親に送る写真は本人があたかも柔道部の中心人物と思わせるように一枚一枚学生の立ち位置を変えて写した。こ

れは私の苦い思い出からの学生への要望だった。私自身は自分の成人式の日に柔道部の仲間と酒を飲んで祝ったが、育ててくれた親の顔はまったく思い浮かばなかった。後で「はがき一枚なかったね」と母から言われた言葉が長く胸に残った。OB会などで卒業生と会うと、この手紙の件だけは今でも感謝される。

国際武道大学柔道部を社会にアピールできることはないだろうかと考えたのが、「受け身のデモンストレーション」だった。総勢50人で行う華やかな受け身の数々は、宮腰浩一コーチが熱心に指導したことで、正力松太郎杯国際学生柔道大会や日本武道館の鏡開き式など、多くの場所で披露するチャンスが生まれ、学生の思い出にもなった。

「受け身のデモンストレーション」は
柔道部の名物となって多くの発表の機会を得た
（正力松太郎杯での演武）

1993年からは、日本体育大学の山本洋祐先生と相談の上で50人対50人の対抗戦を始めることにした。山本先生も日頃、公式戦の機会に恵まれない柔道部員に頭を悩ませていた。二人で優勝カップを作り、試合は大いに盛り上がった。柔道部の海外研修は先に述べた通りである。この他にも、柔道部では伝統的な行事も大切にしたいと考え、寒中水泳、寒稽古、餅つき、月次部内試合なども試みたが、様々な理由で寒中水泳だけが残った。今でも、年明けの最初の稽古は寒中水泳で始まる。

障がい者柔道との出会い

1987年から柔道部の行事に新たに加えられたのが、視覚障がい者柔道の応援である。その前年、講道館での会議の後に何気なく大道場を覗《のぞ》くと、「第2回全日本視覚障害者柔道大会」という

柔道部の初稽古は日の出前の寒中水泳から始まる

2003年、カナダ・ケベック州で開催された視覚障がい者の世界選手権に審判資格を得るために参加する（白いワイシャツ姿が筆者）

1期生の浜名は自宅に道場を作り積極的に知的障がい者を受け入れた（最後列右端が濵名、同3人目が美代子夫人）

初めて耳にする大会が行われていた。皆が試合場のすぐ近くで応援している小さな大会だった。中には本当に視覚障がい者なのかと疑いたくなるような動きの選手もいる。しばらく見学していると、だいぶルールが分かってきた。選手は副審の補助を受け、試合中央1メートルぐらいの距離まで近づき、礼の後、お互いがしっかり組み合ってから試合が開始されること。両者が離れた場合は「待て」がかかって開始線に戻って組み合って再開すること。それ以外は我々と同じ柔道の試合である。当時の柔道は、組み手争いが頻繁に行われていた。自分が有利になるために相手の組み手を切り離したりすることに多くの時間が費やされ、その行為は柔道を見ているものを苛立《いらだ》たせた。「互いに組んでやれよ」「相手に持たれて技が出ないなら柔道ではないだろう」などのやじも飛び交っていた時代である。相手から道衣を持たれ制御された状態で技を出すには、熟練された高度な体捌きが必要である。その理想の柔道に挑戦する選手たちの動きと、爽やかな試合態度に瞬く間に魅了された。翌年から大学のバスを借りて部員と共にこの大会を応援することにした。この縁もあって、2004年のアテネパラリンピックでは審判を引き受けることにもなった。

この障がい者柔道に興味を示した卒業生がいた。1期生の濵名智男である。濵名は東京都内の柔道の名門高校を経て国際武道大学柔道部に入部する。高校時代はレギュラー選手になれなかったという。濵名は78キロ級の選手だったが、大学の水が合ったのか、めきめきと強くなり1年生で無差別で行われる団体戦のレギュラー選手となった。2年以降は86キロ級に階級を上げ関東学生優勝大会4連覇の中心選手として活躍する。彼の稽古の激しさから海外の柔道研修生からは「クレイジー濵名」と呼ばれていた。卒業後は神奈川県警察に勤め全日本選手権にも出場し、世界形選手権では3連覇を果たす。県警教養課柔道副首席師範まで務めたが途中で退職する。その後、大学の教員を目指し早稲田大学大学院を修了して現在は日本文化大学の教授である。教員になって濵名が力を入れたのが知的障がい者柔道だった。

広島県の福山大学教員としてID柔道に積極的に取り組んでいる中村（左端）

美代子夫人も国際武道大学柔道部OGであるが、柔道好きな夫婦は家を建てる時、1階に36枚の畳を敷き柔道場にして近所の子どもたちを教え始めた。その時、積極的に3人のダウン症の子どもたちを受け入れ、同時に知的障がい者に対するスポーツ指導資格を取りながら自らも各国の指導方法や試合の方法などの研究を始める。現在濵名道場では10名の知的障がい者を受け入れている。

濵名は2018年からは全日本柔道連盟に発足した「知的障がい者柔道振興部会」の初代部会長として「第1回全日本ID（知的障がい者）柔道選手権大会」を勤務先の日本文化大学で開催するなど、日本の障がい者柔道を支えるリーダーの一人となった。

美代子夫人は神奈川県柔道連盟副会長を務めるとともに全日本柔

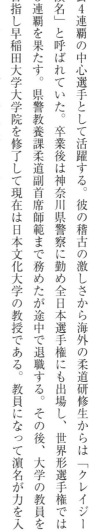

道少年団常任理事（事務局長）を務めながら、濵名道場の代表として青少年の教育に情熱を傾けている。

似たような経歴の持ち主に14期生の中村和裕がいる。広島の柔道強豪校を卒業して国際武道大学柔道部の主将を務め、卒業後は大手企業に就職し全日本実業団大会のチャンピオンにも輝いた。後に総合格闘技の世界に進出して名を馳《は》せている。選手引退後は早稲田大学大学院を修了して福山大学の教員になり、その後、広島大学で知的障がい者柔道の論文で博士号を修得している。彼も障がい者柔道に興味を示し、広島県福山市で公益財団法人スペシャルオリンピックス日本（以下、SON）柔道プログラムの中心人物として実践活動を始めている。中村は「勝負の世界を超えたその上の世界を障がい者柔道に見ることができる」と言う。

現在のSON理事長は中村の高校時代の後輩で筑波大学で教鞭《きょうべん》をとる平岡拓晃氏（ロンドン五輪柔道銀メダリスト）である。彼もまた障がい者柔道の魅力を「嘉納治五郎の自他共栄の精神を身近に感じる」と話す。

中村、濵名そして私の3人は今年9月に開催された日本武道学会で「2022年スペシャルオリンピックス日本夏季ナショナルゲーム・広島第1回柔道競技会の外観と出場アスリートの柔道開始要因等に関する定性調査」のテーマで共同論文発表を行った。

卒業生の中には、柔道の世界を通して「空の深さを探る」仲間たちが少なくない。

第1回全日本ID（知的障がい者）柔道選手権大会が2018年、
日本文化大学柔道部の協力で開催された（最前列中央の背広姿が浜名）

国際武道大学での指導（3）

「厳師ならざるは、師の怠りなり」という言葉があるという。「嫌われ強いことが名監督の条件である」という言葉も高名なスポーツ監督の講演で聴いた。強く叱ることは、たとえそれが正しくても自分の心も痛む。その痛みに耐える強さが若い指導者にはあるが、年老いてくるとその心の痛みに耐えられず目をつぶることも多くなる。ある人はそれを見て「人間の器が大きくなった」とか「優しくなった」とか言うが、若き日の私は単に人間が弱くなったのだと思っていた。開学当時の私は30代前半で、痛みに耐える強さがあった。今頃になって言葉足らずの叱り方だったのではと心が痛むときがある。

日本一の稽古を目指す

開学当初から国際武道大学柔道部の練習は厳しいという評判が立っていた。特に朝のトレーニングと喧嘩《けんか》腰の乱取りは、出稽古に来た学外者から驚かれた。

「すぐに日本一になれなくても、日本一の稽古は今からできる」「1年生と思うな。最上級生と思って戦え」「雨でも走れ。関東は雨でも関西は晴れかもしれない」「柔道部の目標は昨日よりも今日の自分が勝るように努力することだ。日本一を目指すのは個人の目標でよい」などなど。学生にとっては、まるで修行僧のような生活を強いたように思う。

この修行僧のような目標を全柔道部員に課したことが、正しかったのか否かは正直今でも答えが出せない。試合を目の前に控えた選手にとっては受け入れることが可能であったろうが、試合の機会に恵まれなかった柔道部員にとっては、辛すぎる学生生活だったようにも思う。もちろん、「辛かったが、良い思い出にも自信にもなりました」と言ってくれる卒業生もいるが、反発した学生がいたことも事実である。その中でコーチたちは、それぞれの学生に声を掛けながら少しでも満足いく学生生活を送れるように気を使ってくれた。いつしか私が学生時代につくった自称「第一柔道部」のような、各コーチを中心にしたグループが出来上がり、互いに部内試合を目指して切磋琢磨《せっさたくま》するようになったのには大いに救われた。日本一の稽古量と自負する日々の成果は間もなく表れ始め、学生柔道界から多少注目されることにもなる。

台風の中でも走った柔道部の朝のトレーニングの厳しさは評判だった（筆者前列右）

真の敗者の強さ

柔道界の名著といえば『バイタル柔道』を思い浮かべる。五輪、世界選手権、全日本選手権を制した稀代の柔道家、岡

関東学生優勝大会初出場で初優勝した1期生。その後4連覇する

野功先生の技術書である。その技術書の巻末に「勝負にかける情熱」というエッセイがある。岡野先生が20代後半で書いたこのエッセイの中に、「真の敗者の強さも認めないわけにはいかない。敗者の神髄は努力の成果を数限りなく否定され、その繰り返しの中で逆境に堪え、困難を克服する力とねばりを持つところにある」と書かれている。このエッセイは、大学の授業で何度も使わせていただいた。

岡野先生のエッセイにある「真の敗者の強さ」を思うときに、真っ先に浮かぶのが4期生の友田幸治の名前である。

友田は九州の高校から入学してきた60キロ級の選手だった。高校時代は県ベスト8が最高成績の学生で、柔道よりも朝のトレーニングの頑張りが目立った。当時の60キロ級は部内に約40名おり、部内試合で4位以内に入らなければ関東学生体重別選手権大会に出場すること

開学2年目に全日本学生優勝大会ベスト8に入る
（月刊「武道」1985年8月号より）

ができなかった。友田は大学3年の時に部内試合で3位になって初めて選手に選ばれたが、試合直前に膝の靭帯《じんたい》を怪我してしまった。私は彼を選手から外した。友田は泣いて「試合ができます」と訴えたが、「試合に出たい気持ちは誰もが一緒だ。俺はいまベストで戦える選手を選ぶ」と考えを変えることはなかった。4年になり友田は部内試合で再び3位になって関東学生体重別選手権大会の出場権を得たが、不幸にも胃穿孔《せんこう》（胃に穴のあく病気）で入院することになり、最後の公式戦の機会を無くした。彼からは就職の相談もなかった。卒業式の日、友田と最後の稽古をしたが途中から彼は泣き出した。数年後、友田から結婚式の招待状が届いた。いつも心のどこかに友田のことがあった。「これだけ努力して、これだけ努力が報われなかった教え子はいない」と挨拶で言おうと思い福岡に出掛けたが、友田の顔を見ると胸が詰まって用意した挨拶の半分も言えなかった。挨拶の出来の悪さに居心地が悪く早々に席を離れたことを覚えている。

２０１９年、大学を定年退職していた私に思いがけず友田から連絡があった。「先生、今年もホノルルマラソンを走りますか？　行くなら私もご一緒させてください」。頑張り屋の友田は卒業後

1期生の加古智美は1986年世界選手権ウイーン大会女子56キロ級の日本代表になる（試合前日、松前重義学長の激励を受ける加古。筆者右端）

1989年の全日本学生体重別選手権で男女共に優勝者が出る。3期生52キロ級の池田光恵（前列左）、4期生65キロ級の酒井周治（同右）

も時間をつくっては走っていたという。この嬉しい友田からの連絡に、私は本格的に減量をしていつも以上に走り込み、60代の中の自己新を出した。その夜、ワイキキのレストランでは自慢話と昔話に花が咲いた。「先生、おまえらはエリートだと言ったのを覚えていますか」と友田が話した。「柔道部は毎日早朝からトレーニングをし、放課後は道場で稽古をする。夏休みも冬休みもろくにない。しかし、おまえらにとって柔道は学問だ。朝トレは予習であり、道場を図書館だと考えれば、東大生にも負けないほど勉強した学生だ」と話した私の言葉を言い出した。さらに友田は「その言葉を信じて頑張ってきました。柔道は人生に必要なことを全て教えてくれたように思います」と続けた。学生時代なぜあんなに頑張れたのかと聞くと「両親に良い報告がしたかったんです」と答えた。友田の結婚式では参列者にショートケーキが配られた。司会者が「そのケーキの上に載ったイチゴは、今日に合わせてご両親が自ら

ホノルルマラソンの後、教え子たちと昔話に花が咲く
（左から吉原史朗、友田、筆者、益子隆明）

作り、朝摘んでケーキに載せたものです」と言ったのを思い出した。柔道もさることながら、両親の優しさが友田の素直で柔軟な心を育てたのだろうと思った。大学を卒業して30年たった友田は、最初の就職先から転職して大手企業に入社し、部長職を務めた後、今はフィリピンのマニラ事務所長として活躍している。

真の敗者は勝者に勝るとも劣らないことは言うまでもない。勝者には新たな挑戦者が現れ、敗者には限りない敗者復活戦が用意される。柔道界では嘉納治五郎の訓言である「力必達《ちからひったつ》（つとむれば必ず達す）」という言葉をよく使うが、努力すれば必ず目的を達成できると言っているわけではない。達成できるというのであれば、勝者の自惚《うぬぼ》れに過ぎないと思う。そう信じて頑張れと言っているのであろう。その頑張りが思いもしなかった成果を後に生むことになる、友田からそんなことを教わった気がした。

母からの電話

ここまで小学生時代から出会った先生方や友人たちとの人間的なつながりを中心に書き綴ってきたつもりである。33年間勤めた国際武道大学時代の話は文章量の都合でほんの入り口で終わったが、この続きは自分のノートにでも書き続けようと考えている。

ところで、2016年4月1日の朝6時30分、母から電話があった。必要とあらば手紙を書く母からの突然の電話だった。何事かと思えば、「長いことご苦労さまでした」と言うだけの短い電話だった。その日が大学を定年退職した日だということを忘れていた。すでに最後の卒業式も終わり、新しい家に引っ越し、次の仕事の準備に取り掛かっていた。研究室を引き払う時も、卒業生たちが企画した「最後の授業」の時も、さまざまな退職記念パーティーでも胸の詰まることはなかったが、初めてこみ上げるものがあった。

柔道と出会い、先生方や仲間たちに育てられてきたが、その陰には友田と同様にいつも両親の温かい眼差しがあったと思う。この書籍に対する厳しい批評を亡き母から聞けないのが残念であるが、昔母に言われた「しゃべらないバカは三日ばれないのにね」と笑っているようにも思う。

人生には未来を夢見る楽しさと、過去を振り返る楽しさがあると思うが、本書を執筆した今回は後者の楽しさを十分に味わった。

大学退職後、学生時代から定年退職までに送られてきた母からの手紙をまとめて小冊子にする。戒めの言葉で綴られている手紙からは、改めて親の恩を感じる

卒業生向けの「最後の授業」には、
日本中から多くの教え子たちが集まった（前列中央が筆者）

中国柔道指導の旅（1）

令和3年9月、私は70歳の誕生日を中国で迎えた。コロナ禍の中、約1年間の中国滞在であった。この1年、朝から晩まで中国の若い柔道家や指導者たちと夢中になって柔道に取り組んできた。これまで多くの国を旅してきたが「国家の体制や指導法が異なっても、柔道を学ぶ若者に大差はない」という思いは、中国でも変わらなかった。柔道が、武道が、そしてスポーツが、人を育てるからであろう。私も柔道に育てられた一人である。

初めての隔離生活

中国から帰国した令和3年10月、私はコロナ禍の日本で、2週間の隔離生活を自宅で送っていた。この間、記憶の鮮明なうちに中国での一年を振り返ってみることにした。

中国山東省体育局から指導の依頼を受けたのは令和2年9月のことである。山東省柔道隊には4名の東京五輪出場候補選手がおり、その選手の強化と、令和3年9月に開催される第14回全国運動会（中国各省の対抗戦で、4年に一度開催されることから国内五輪ともいわれる）に向けての選手強化である。肩書は総監督だという。コロナ禍の中とあって、ビザの申請や入国の手続きには、予想以上の時間を要したが、もっとも厄介だったのが入国後に課せられる2週間の完全隔離生活であった。気になるのは運動不足になり実技指導に影響が出ることである。専門家なら、その技術指導が本物か偽物かは動きで判断できる。鈍い動きや呼吸の乱れは禁物である。指導を受ける選手から「なんだこのジジイ」と思われたなら、選手の耳は遠のいてしまう。

令和2年10月7日、青島流亭《ちんたおりゅうてい》国際空港に到着、その後隔離施設に移動。ホテルを利用したと思われるその施設では、一日3食の弁当が届けられ、廊下に出ることも禁止である。至る所に監視カメラがある。隔離中は予定通り、持ち込んだトレーニング用チューブを利用しての筋トレ、スクワット、縄跳びなど、午前に1時間半、午後は午前とほぼ同様の運動を1時間行った。空き時間は、選手の特徴を知るために山東省柔道隊から送られたビデオを見て選手の特徴をチェックする。それでも時間を持て余すので、各国の仲間にメールを送って今後の協力を求め、毎日長い日記を書くことにした。この仕事を引き受ける際、初めて体験する隔離生活には多少興味があったが、2度目は遠慮したいというのがその時の心境である。

ホテルでの隔離生活中は持参のチューブなどでトレーニングをした

隔離生活で欠かすことなく取り組んだトレーニングの成果を発揮する機会は、すぐに訪れた。週末に行われていた「山岳トレーニング」である。山道を約1時間走るコースで選手たちは競い合い、コーチたちはゴールでタイムを計る。私は、選手と共に山道を走ることにした。実は私の趣味はジョ

中国山東省柔道隊

ギングであり、年に1度はフルマラソンに挑戦している。それを知らない選手やコーチたちは、私が遅れて道に迷わないようにと伴走者を付けてくれた。選手やコーチの意に反して伴走者を振り切り、ほぼ中頃の順位でゴールしたことで、一気に選手との垣根が取れたように感じた。「率先垂範」は指導者の基本姿勢と再認識した出来事であった。

柔道のプロ集団と共に

山東省の人口は約1億人。その省都済南《チーナン》市にある体育訓練センターは、11・7万平方メートルの広さであり、15競技のトレーニング施設が立ち並ぶ。このセンターでは、合計約千人の選手が訓練をし、寄宿舎生活をしている。定期的に行われるPCR検査や厳しい入場制限があり、コロナ感染の心配はない。柔道場は約1200畳、試合場4面が大きく設置されている。この他に約250畳の小道場がある。

山東省柔道隊は、四つのグループから成り立っている。男子

広いセンター内の移動は
電動バイクを利用

実演しながら寝技を指導する筆者

グループ約50人、女子軽・中量級グループ約30人、女子重量級グループ約20人、その他に北京体育大学女子柔道部員約20人が常時訓練を重ねている。それぞれのグループに監督と2、3名のコーチがおり、選手の年齢も18歳から35歳までと幅広い。選手は試合成績によって毎月手当てが支払われるプロの選手で、コーチの倍以上の手当を得る選手もいる。選手の多くは実家への仕送りをしていると聞いた。日本のように夢をかけての稽古ではなく、生活を掛けての訓練である。

このグループを管轄するのが柔道担当主任であり、さらにその上に柔道、レスリング、重量挙げの3競技を統括する部長がおり、体育局副局長、局長と続く。もちろんこの他にも、柔道専任のドクター、トレーナー、マッサージ師、マネジャーなどがチームをサポートする。驚くほど恵まれた環境である。

食堂は、競技成績によって二つに分けられているが、聞くところでは、料理にそれほどの差がないという。中国では、牛や豚の飼育に薬物が使用されることがある。その肉を食し体内に薬物が入ることを避けるため、選手は原則、外食が禁止である。いわゆるドーピング対策である。したがって、センターの食堂は安全な食肉が提供されるばかりでなく、30種類ほどの豪華なメニューが用意されている。広いセンター内の移動は電動バイクが主流である。私には、センターに隣接したマンションの2LDKの部屋が与えられ、専任の秘書兼通訳が付いた。

中国柔道の訓練方法

仕事が始まり、最初の1週間は指導もせずにひたすら練習を見学することにした。

四つのグループは、それぞれ異なったメニューをこなすが、基本的には週6日間、午前・午後それぞれ2時間半の練習である。男女共に隊の主力選手は30歳前後のベテラン選手が多く、その選手に合わせた練習メニューである。反復練習と筋トレが中心で、乱取りは週に2〜3回程度、乱取りの本数も寝技と立ち技合わせて10本程度と極端に少ない。

コーチによって、指導スタイルは大きく異なるが、同じグループであってもコーチ間のコミュニケーションはそれほどない。選手は礼儀正しく、コーチに対して従順である。もちろん体罰的なものはない。

技術的には、各グループによって柔道スタイルが大きく異なる。男子は、組み際の技を多用するため、相手の組手を切ることと、奇襲技を多用する選手が多い。女子は、引手を取ってから釣手で相手の背中をたたいて握る形が多く、重量級は、極端に巻き込み技が目立つ。寝技は、多くの技術を用いるが、基本動作が雑であり、投げ技との連絡が少ない。

初の強化会議

私は、選手とコーチの特徴を事細かくノートし、初の柔道強化会議に備えた。

強化会議には、山東省体育局長を頂点に、副局長、部長、主任、ドクター、トレーナー、監督、コーチなどが出席する。お国柄なのか、笑顔もなく非常にシビアな話がなされる。

まず副局長からは、東京五輪出場は何名可能なのか、メダルの可能性はあるのか。山東省の威信をかけて戦う第14回全国運動会で、柔道隊が獲得可能な金メダルは幾つかなどの質問が部長になされ、私に意見が求められた。私は、現在の「ＩＪＦ（国際柔道連盟）ランキング制度」を説明し、中国の男子選手には東京五輪に出場可能な選手が存在しないこと、さらには、可能性のある女子選手4人のポイントと、国際大会出場を織り込んだ五輪までの簡単なロードマップを示した。

また、9月に開催される第14回全国運動会については、部長より金メダル4個が山東省隊の目標であることが示された。金メダル4個は、これまで一つの省が獲得した最多の数だという。後に、山東省体育局に提出された書類には3個の金メダルと書かれていたことを知る。

いずれにせよ、目標が達成できないときは、監督、コーチ陣の入れ替えが行われる可能性のある

山東省柔道隊のメンバーは皆、礼儀正しかった

ことが副局長から強い口調で言い渡された。柔道に生活を掛けたプロ集団との共同作業がスタートすることになる。

中国柔道指導の旅（2）

令和2年10月、コロナ禍の中で中国に渡った私は、120名ほどのプロ柔道集団、山東省柔道隊の総監督として活動を開始した。当初は3カ月間の契約であったが、今思えば、その期間は、私の指導力を確かめるテスト期間であったように思う。令和3年1月に再契約を結び9月までの合計1年間、単身での中国生活を強いられ、孫や教え子たちが楽しみにしていた東京五輪の聖火ランナーも辞退することになる。

練習方法の見直し

柔道に生活を懸けたプロ集団の総監督に就いた私は、4グループの担当監督、コーチに練習計画の見直しを提案する。会議や指導でもっとも大切なのは、これまでの指導者や選手の実績を評価し、プライドを傷つけないことである。中国国内で輝かしい競技実績を持つコーチたちには、情熱も指導技術もある。

少し話題がそれるが、コーチや選手へのアドバイスは、相手の目と耳に訴えることになる。もちろん、実際に組んで、体感として伝えることもあるが、言葉は大切な指導の武器である。幸いなことに、私の通訳は2005年に国際武道大学の別科を修了し、その後、国際武道大学と東海大学で科目等履修生として柔道を学んだ王華という女性である。教え子であるばかりか、かつては中国の

選手から「お姉さん」と呼ばれる
王華さん（中央）の通訳に助けられる

対戦相手をビデオで研究する筆者とコーチ陣

選手たちに寝技を指導する筆者

強化選手であり、柔道の知識も豊富な30代の女性だ。その王華さんと、可能な限り事前に打ち合わせを行い、誤解のないように丁寧な言葉で通訳することをお願いした。これまでの海外指導の経験で、指導の出来・不出来は通訳の力量によることを十分に承知していた。その点、王華さんは最高の通訳であり秘書であった。

話を練習計画に戻そう。山東省チームの練習を見て気になったのは、極端に少ない乱取りの回数である。監督、コーチたちだけのミーティングを開き、1週間の基本練習計画案を示した。これまで、週2、3回程度の乱取り稽古だったものを、週6日間とし、午前の稽古は全て寝技8本と立ち技10本の乱取りをする考えである。ただし、選手の年齢は18歳から35歳までと幅があるため、それぞれのコーチがそれぞれの選手にあった乱取りの本数を指示してはどうかと意見を述べた。また、午前の乱取りは4グループとも同じ時間に大道場で行い、女子の重量級は男子選手と稽古ができるように、その他の女子も可能な限り他のグループと稽古することを提案した。午後は、反復練習、技術研究、トレーニングの時間とし、これらの内容は、それぞれのグループの監督に任せた。

さらに、選手の状況に応じて監督、コーチが個々に休日を与えることも可能であるとした。これに対して、北京体育大学柔道部長の柴玲教授が「中国柔道の乱取りの少なさは近年のことであり、乱取りは重要な訓練方法である」と助け船を出し、男子監督は「まずはこのプランに従ってやってみよう。それから我々の意見を述べよう」と話してくれた。

面食らったのは選手たちかもしれない。選手には、1984年ロサンゼルス五輪と88年ソウル五輪の86キロ級を連覇したオーストリアのペーター・サイゼンバッハ選手の話を紹介し、技術の収得には、さらに多くの実戦的乱取りが必要であると説いた。サイゼンバッハ選手の日本での練習場所は、私の母校東海大学であり、古くから彼とは交流があった。彼は食事中、日本で合宿した際の思い出を語ったことがある。「私はロス五輪後、全日本の合宿に参加し10本の元立稽古をした。最初の5本までは、私は間違いなく五輪の金メダリストだった。しかし、その後、疲れて力のなくなった私は、日本選手に引きずり回され、最後は子どものように投げられた。その後、技術の大切さを再認識した。2度目の金メダルは、あの経験があったからだよ」。疲れ切った状態での稽古にも価値があると私は伝えたかったのだが、選手は「休んでも文句を言われないならいいよ」程度の反応

コーチやその家族との食事会では、柔道の話は禁止

選手たちとの食事会は大切なコミュニケーションの場だ

だったように思う。実際、選手たちは年間を通して、ほぼ提案通りの練習をすることになる。

選手自身が自らの良きコーチになろう

現在、中国の柔道レベルはさほど高くない。とはいえ、五輪ではこれまで金9個、銀6個、銅10個のメダルを獲得している。世界選手権は金20個、銀7個、銅14個の実績である。

また、この山東省チームには多くのナショナル選手が在籍する。選手の身体能力は高く、技の知識もある。まず選手の良い点を褒めることにした。多少間違っている技術も良いところを探して褒め、五輪メダリストの技と中国選手の技には少しの差しかないことを繰り返し話した。また、これまで学んだ技術には何一つ無駄はなく、捨てるところがないことを伝え、その上で、新たな技を付け加えることによってさらに威力が増すことを説いた。

同時に、いかなる複雑な技も基本動作の組み合わせであり、基本動作の確認が必要であることを、日本でよく使われる「正しい柔道」という言葉を用いることなく、中国選手にわかりやすく、「損な技術、得な技術」という表現で伝え、その実践例を示した。その上で、選手のことを一番知っているのは、監督でもコーチでもなく選手自身であり、指導者に頼りきることなく選手自身が自分の良きコーチになるべきであると諭した。

選手との信頼関係を築く

私は長いこと、柔道の畳の上で時間を過ごしてきた。もっとも落ち着くところで居心地が良い。大学を定年退職後、家の庭先に30畳程の小さな道場を建てたのもそのためである。中国でも同様に畳の上が一番心が安らいだ。稽古が終わった後、選手やコーチが帰り始めても畳の上でストレッチをしながら時間を過ごす。この時を狙って、強い選手は堂々と、弱い選手は恥ずかしそうに質問を抱えて近づいてくる。指導者として、もっとも楽しく嬉しい時間である。もちろん、選手の質問に自信をもって答えられないこともある。「部屋に帰って、その技の名人にメールして聞いてくる」と答えると、良い質問だろうと言わんばかりに、したり顔になる。

いつの間にか、週明けには選手の誰かが洗濯してくれた真っ白な柔道衣が畳んであり、中国語を話せない私に日本語で「先生、おはようございます」と挨拶をするようになった。週末には、通訳の王華さんの部屋で食事会が行われるようになり、男子選手も女子選手も小さな手土産をもって集

東京五輪中国代表選手団（出場権は女子のみ獲得）

まり始めた。選手たちは驚くほど大人で、気遣いも行き届いている。ベテラン選手には家庭持ちの選手も多く、奥さんが餃子《ギョーザ》を作って子どもと一緒に差し入れに来ることも度々あった。

　食事会での話題はさまざまであるが、多くの選手が質問してきたのが、「先生、試合前のプレッシャーはなかったですか」であった。主力選手は、コーチからも主任や部長からも厳しく結果を求められている。選手の試合結果がそれらの人々の人事を左右すると共に、選手の手当まで変わる国である。私にはプロとしての柔道家の経験はない。選手の問いの多くに答えることはできなかったが、私は常に自分自身のために戦ってきたことを伝え、結果を喜んでくれる人々の笑顔に励まされたことを思い出として話した。

世界がコロナ禍の中、令和3年3月、中国チームは世界ランキングポイントを獲得するために三つの国際大会に選手を派遣した。その結果、予想通り、女子6名が東京オリンピックの出場権を得た。6名中4名が山東省柔道隊所属の選手である。出場選手の中に、世界ランキングひと桁の選手はいなかったが、あわよくば銅メダルぐらいとの私の思いは叶わなかった。山東省柔道隊は、一丸となって主たる目標である4年に一度の国内五輪「第14回中国運動会」を目指すことになる。

中国柔道指導の旅（3）

２０２１年の東京五輪で中国は38個の金メダルを獲得し、第2位の成績だった。まさにスポーツ大国であるが、意外なことに夏季五輪への本格的参加は１９８４年のロサンゼルス大会からである。それに対して4年に1度開催される「中国運動会」は、62年の歴史を持つ、中国で最も権威あるスポーツ大会である。35競技が行われる中国運動会は中国国内五輪ともいわれ、23の省と四つの直轄市・五つの自治区がそれぞれの地域の威信をかけて戦う。試合成績は選手の手当ばかりか、各地区体育局の人事にも大きく影響するという。我々山東省柔道隊は、この大会に全てをかけて臨むことになった。

ユソン選手との再会

山東省柔道隊にチーム最年長のユソンという選手がいる。78キロ超級の女子選手で、２００７年に国際武道大学の別科に入学、修了後には科目等履修生としてさらに1年、柔道を学んだ。その後も幾度となく国際武道大学で短期研修を重ね、15年世界選手権優勝、16年リオ五輪3位、17年世界選手権優勝と、輝かしい成績を収めている。現在は35歳で1児の母親であると共に、コーチ兼選手として女子チームのリーダー格である。とはいっても、実際には約2年間は出産と育児のために稽古をしていない。その彼女が東京五輪を目指したいと言ってきたのは、私が済南市の訓練センターに到着した翌日だった。ウエイトトレーニング中の彼女は「五輪の金メダルが欲しい」と言ったが、世界ランキングポイントはゼロに等しい。現在、五輪出場には原則、世界ランク18位以内のポイントが必要である。それでも彼女は翌日から柔道衣を着て打ち込みを開始したいというので、しばらく様子を見ることにした。

２０２１年4月8日から3日間、中国運動会の予選が山西省太原市で開催された。各省から選抜された約50名の選手のうち、上位16名が中国運動会の出場権を得る。この大会で山東省柔道隊は女子金1、銀1、銅2、男子は銀2、銅3のメダルを獲得した。ユソンは、やっとベスト16に入り本戦への出場権を得たものの、もはや全盛時の面影はなく、自分の体重を支えるのが精いっぱいだった。

試合後、五輪の夢を断たれたユソンはコーチ業に専念するかと思いきや、再び黙々と練習を続けた。コーチ手当と選手手当の両方をユソンに支払う体育局からは、選手を辞めコーチ業に専念させるようにと言われたが、私はユソンの真剣な練習態度は他の選手のプラスになると跳ねのけた。事実、選手たちの練習にやる気が感じられない時は「皆でユソンの稽古を見よう」と練習を止めたこともある。ユソンの柔道に対する姿勢は、どのコーチの言葉よりも選手の心を動かしていた。励まされたのは選手ばかりではない。私が指導の成果が見えないと愚痴をこぼすと、「先生、今、山東省の柔道は大きく変わっている」と私自身も勇気づけられた。

稽古を貯金する

6月になると、山東省には山西省、黒竜江省、河北省、上海市など多くのチームが合同練習に訪れた。いずれのチームも山東省柔道隊の乱取りの多さに驚き、不満を述べ、練習も途中で休むのが大半であった。山東省の選手には、「これは山東省の練習は凄《すご》いという噂を中国全土に広げるチャンスだ」と話して励ました。

ユソン選手（右）とその家族

山東省柔道隊もグループごとに遠征合宿を行った。遠征先では選手に歴史遺産を見学させることをコーチにお願いした。中国は歴史の宝庫である。事前に少し勉強して歴史を学ぶ姿勢は、柔道でも役に立つ。話が少しそれるが、我々が使う「稽古」の意味は「温故知新」に近い言葉である。歴史は我々柔道家にも役立つ多くのことを教えてくれる。

ところで、午後のトレーニングは通常、各グループのコーチに任せていたが、コーチが不在の時は、私が積極的に指導を請け負った。週5日は1人で走るのが私の日課であ

合宿先で、選手と共に史跡の見学をする筆者（左から2人目）

最後の練習の後、選手から花束を贈られた

る。本音をいえば、トレーニングは1人よりは仲間がいた方が楽しい。選手とトレーニングによく利用したのが訓練センターの裏山にある階段である。トレーニングはきついが、その後は皆で近くのスーパーマーケットに立ち寄り、ジュースやアイスクリームを買っておしゃべりしながら歩いて帰る。そのために私のポケットにはいつも現金が入っている。若いころからの習慣である。選手の一人が「これも練習ですか」と笑いながら聞くので「何か楽しいことがなければ、私だって55年もトレーニングを続けられないよ」と笑って答えた。

道場での乱取り前は、いつも選手に同じことを言い続けた。「組手の反則をするな」「立ち技であっても相手が倒れたなら短い寝技をしろ」「前に出て組む勇気を持て」「帯や襟を握るときは親指を入れろ」「抑えられてもすぐ諦めずに30秒間は逃げろ」。これらは共通して中国柔道に欠けていたことだった。

9月に入り、試合のための調整練習になると柔道主任、部長らから選手に対する訓示が多くなった。選手たちの多くがそれにプレッシャーを感じているようであった。試合に出発する前日、私は「我々は中国で最も多くの乱取りをこなした柔道隊であり、日本ではそれを『稽古を貯金した』と表現する」と話し、その貯金をすべて使い切ろうと激励した。その日の午後、訓練センターの食堂から出てくると花束を持った女子選手たちが待ち受けていた。感謝の気持ちですと渡された花を見て、感謝したいのは私の方だと心からそう思った。

中国運動会開会式

第14回中国運動会

2021年9月16日、陝西省西安市で第14回中国運動会が開催された。山東省柔道隊は4年前の中国運動会で3個の金メダルを獲得している。今回はこれと同等以上が目標である。下回れば柔道隊の人事にも大きく影響する。山東省は4名の五輪代表選手を抱えているが、1人は大きなケガ、残りの3選手も東京五輪から帰国後、3週間の隔離生活を送っている。同レベルのライバルの多い中で大きな期待はできなかった。

柔道競技は4日間の開催である。初日は男女共に3階級が行われたが、優勝候補と期待されていた女子48キロ級の東京五輪代表選手が決勝で敗れた。明らかに隔離生活が影響していた。その他に2人が銅メダルを獲得したが、この国では金メダルしか評価されない。その日の夕食はまるでお通夜。「今日は私の誕生日です」とはとても言い出せない雰囲気である。部屋に帰ってそっと一人、ビールで乾杯することになった。

2日目は男女共に2階級が行われ、期待通り女子が2個の金メダルを獲得。3日目は残りの2階級が行われ、男女1個ずつの金メダルを獲得した。男子の重いクラスは圧倒的に内モンゴル自治区が強いが、これは嬉しい誤算であった。女子78キロ超級のユソンは残念ながら3位という成績だった。

最終日は、6人の男女混合団体戦である。優勝候補は初戦の対戦相手、天津チーム。結果は3対3の同点で代表戦となり、ユソンが払い腰で勝ってチームに勝利をもたらした。そのユソンは準決勝でも中国チャンピオンで東京五輪5位のシウ・シャンを破りチームの勝利に貢献する。決勝の北京チーム戦は4対1で圧勝した。5個目の金メダルである。団体戦は男女3名の限られた階級の選手で戦う。今回、山東省チームは選手のケガと階級が合わないことで五輪出場選手を一人も使うことができなかったが、それゆえに山東省柔道隊の喜びも大きかった。もちろん「子どもの授乳のために良く寝られない」と嘆いていたユソンの努力も報われた。

私が帰国する前日、青島市で20年以上の付き合いのある仲間たちが送別会を開いてくれた。その席で、山東省体育局は金メダルの数で中国の記録を塗り替えたとして、私に山東省柔道隊終身名誉総監督という称号を与えてくれた。また、日本総領事は日中の交流に貢献したとして表彰状を授与してくれたが、それよりも嬉しかったのはユソンをはじめとして多くの選手たちが休暇を返上して、遠くからその会に出席し、別れを惜しんでくれたことであった。選手たちと私が交わした最後の約束は、新婚旅行は日本の我が家を訪問することである。

優勝した選手が、観客席の私に向けて感謝のポーズ。
観客席最後列中央で片手をあげているのが筆者

帰国前日の青島市での送別会（著者は前から3列目の中央）

［巻末企画］

柔道に育てられて

対談 柏崎克彦×濵田尚里

東京2020オリンピック女子柔道競技で寝技を駆使して金メダルに輝いた濵田尚里選手は高校時代、柏崎克彦氏の現役時代の映像を繰り返し見て寝技を勉強したという。一度も柏崎氏より直接指導を受けたことのない濵田選手が、いかに寝技をマスターして地元開催というプレッシャーの中で金メダリストになったか。「無我夢中—柔道に育てられて—」巻末企画として著者と濵田選手の対談を掲載する。

進行 五島正司

柔道を始めたきっかけ

柏崎　私が生まれたのが岩手県久慈市という、三船久蔵十段の出身地で柔道がとても盛んな土地柄でした。久慈市自らも青少年に柔道を奨励し、多くの子どもたちが柔道をしていましたから、私も自然と柔道を始めました。10歳の頃です。

濵田　家の近くに自衛隊の駐屯地があって、その中に少年柔道教室がありました。小学校4年まで何も習い事をしていなかったのですが、見学に行って柔道にとても興味を持ち、習うことにしました。

寝技を主軸に戦うようになった理由

柏崎　中学生の頃は体が小さかったので、体格差による不利の少ない寝技をよく使っていました。高校生の時の柔道部の指導者が寝技好きで、さらに東海大学でも寝技を得意とする佐藤宣践先生に教えを受け、自然と寝技が得意になっていきました。

濵田　中学生までは全然寝技を使っていなかったのですが、高校生になって柔道場の本棚に柏崎先生のビデオを見つけ、それを何度も見て研究しました。練習し始めて3カ月後くらいの県大会で寝技を駆使して決勝まで進み、寝技は私の大きな武器になると分かりました。

柏崎　寝技が好きな人は理詰めの選手が多いので、少しのヒントをもらえば研究して自分のものにすることができるようになるんです。私自身も人から教えられるのがあまり好きではないから、指導者から少しのヒントをもらい、自分で研究を重ねました。

濵田　そのビデオの冒頭に、世界選手権決勝で先生が寝技で勝つシーンがあるんです。それを見て、寝技でこんな柔道ができるんだとすごく感動しました。ビデオを擦り切れるほど繰り返し見て寝技の研究に没頭するようになりました。

優勝した東京オリンピックでの戦略

濵田　寝技になったら、自分の得意な形に持っていこうという練習を重ねていました。研究されることも想定して、毎試合ごとに相手がどう対応するかを考えながら練習するんです。オリンピックでは自分のイメージしたとおり戦えました。

柏崎　立技もそうだけど、寝技の技術はすぐ周知されるんです。私の現役時代に比べて今は、試合の映像がすぐに全世界に出回るし、相手に研究されます。だから、技術は少しずつ変えていかなければなりません。それは微調整で、試合のたびに足していきます。はたから見れば同じように見えても、微妙に変えています。柔道は攻撃と防御の繰り返しです。今まで効いていた技が研究されて使えなくなったら、どうしたらその防御をくぐり抜けられるのか。例えば、脇に手を入れようとしたら相手が脇を絞める、そうしたらどうやって脇に手を入れられるか、その代わりになる攻撃はあるかという工夫を考えるんです。

寝技は知恵比べだとも、将棋のようだともいわれます。要するに自分に有利になるような研究合戦なんです。理詰めで改良していく、相手の研究を上回る研究をする。頭で覚え、それから体で覚えていく。寝技といっても、最初は立技から始まるので、立技も使いこなせなければならない。そこからどうやって寝技に持ち込むかがポイントです。決め技が寝技になるから、そこだけスポットが当たりますが、そこに至る経過が大切なんです。私から見ると、濵田選手が強いのは、寝技に直結した投げ技があることと、相手の攻撃をうまく捌き、そこから相手を崩し自分の得意の寝技に持っていくことに秀でているからでしょう。受けの強さも一流選手の条件ですね。

濵田　自分の中心戦法は寝技なので、寝技をしっかり取れるような練習を心掛けています。でも、寝技・立技と分けて考えてはいません。立技も寝技も分け隔てなく練習しています。立技ができないと寝技にもっていけないので、立技も十分練習しています。組み手争いに弱いので、その取り組みもしっかりとやるようにしています。

オリンピックへの思い

柏崎　私の現役時代、世界選手権は2年に一度でしたが、今は毎年開催されているので、その権威は少し下がった気がします。それからすると、4年に一度の開催を続けるオリンピックは相変わらず最高の大会ですね。私もそのオリンピックを最終目標に掲げて稽古をしていたので、代表選手になっていた1980年のモスクワオリンピックがボイコット騒動で出場できなくなったのは、とても悔しかったです。

濱田　自分はオリンピックに出られるような選手とは思っていなかったのですが、国内だけでなく世界の大会にも好成績を残せるようになり、その延長線上にオリンピックがあり、出たいと思うようになりました。東京オリンピックで今までできなかった技ができるようになり優勝もできたので、パリオリンピックに向けて、もう少し続けてみようという気になりました。

柏崎　日本で生まれた武道でありオリンピック種目だという気持ちはもちろんありますが、先達が過去のオリンピック大会で培ってきた実績を前に、自分の世代で日本は弱くなったと思われるのが耐えられない気持ちが強くありました。子どもの頃から金メダルを目指すという選手はそういいません。山下泰裕選手くらいじゃないかな、そういう人は。普通の選手は目の前の試合が全てです。その延長線上に日本選手権があり、世界選手権があり、オリンピックがある。そういう意味では、一流選手でも町道場で稽古する人たちでも柔道に対する思いは一緒だと思います。

濱田　柏崎先生のおっしゃるとおりだと思います。私も普段の稽古でも試合でも、柔道をしていて本当に楽しいんです。代表選手のハードと思われる練習も私にとっては楽しいことです。

柏崎　勝たなければというプレッシャーは感じる？私の場合は高校の教員としての仕事はしっかりこなしているという自負があったので、勝敗についてはは他人にとやかく言われたくないと思っていました。純粋なアマチュアは、プロのような選手に比べて言い訳ができることもあるのでしょうが、心の健康度が高いように思います。

濵田　もちろんプレッシャーを感じますけど、普段の練習が本当に楽しく感じているので、人よりはプレッシャーは少ないと思います。練習だけでなく、周りに支えられて試合に出られるということも、心から幸せに感じています。

柏崎　「楽しい」ということに関して。道場だけが競技生活ではないですからね。練習が終わって稽古仲間と喋ったり食べたり飲んだりするのも楽しいことだし、帰って家族に柔道のことを話すのも楽しい。もちろん楽しいことばかりではなく、辛いこともあります。でも、全体として楽しくなければ続けられません。そういう意味では、仲間や家族の存在は大きいですね。

サンボの経験

濵田　学生時代、ユニバーシアード大会柔道競技の代表選手に選ばれなかった時に、同大会にサンボ競技があるのを知って出場したのが最初です。サンボをやることで、柔道の幅を広げたいと思ったからです。サンボの技を柔道に活かせることはあまりなかったのですが、柔道にはないサンボの動きを知ってアイデアをもらえました。立技から寝技に繋げる助けにもなりました。

柏崎　1964年の東京オリンピックの前に、旧ソ連のサンボの選手が柔道を学びに来て、彼らがとても強いのに衝撃を受けて、日本の柔道選手もサンボを研究するようになったのです。大学の柔道の恩師、佐藤宣践先生に勧められて私もサンボを始め、ロシアのアスリート養成校「サンボ70」でサンボを学びました。サンボの経験は柔道にすごく役立ちました。強くなるためには、いろいろなものから貪欲に吸収する努力が必要と思います。

柔道に向き合って

柏崎　これまでの経験が社会に役立つのであれば可能な限り柔道を続けたいですね。昨年の8月はドイツからの招聘《しょうへい》を受け3週間ほど指導に行きました。10月は英国でセミナーを開いてきました。肉体の衰えは隠しようがありませんが、柔道仲間のためにも自分自身のためにも柔道を続けたいと思います。

濵田　パリオリンピックの代表を目指して練習を積み重ねています。午前中2時間くらいを柔道の練習にあて、午後はトレーニングです。所属先に選手が少ないので、週3回くらいは出稽古に行きます。日曜だけ休養に当てています。若くはないので自分の体と相談しながら、ケアにも留意しています。

柏崎　私の現役時代は、30歳を過ぎて現役を続けている人は少なかった。それは、現役引退後の人生を考える必要があったからだと思います。また国際大会も少なかった。現在は、試合数が多くて、試合間隔も短いので大変なストレスだと思います。体だけではなく、心のケアもする必要がある。柔道選手にとって大変な時代ですね。

濵田　オリンピックで金メダルを取ったからといって、燃え尽き症候群という言葉は私にとって無縁な気がします。金メダルを取れると思ってなかったこともありますが、とにかく柔道をすることが楽しいんです。それは今も同じで、だからパリオリンピックに向かって現役を続行しようと思ったんです。

柏崎 私の現役時代も、代表選手の多くは柔道を楽しんでやっていたと言っていいでしょう。楽しくなければ、続けられません。どんなに頑張っても、普通は4時間を超えて稽古できないけど、濵田選手はどうやってリフレッシュしているの?

濵田 大きな大会の後は、少し長い休暇がもらえますから旅行に行ったり、普段の休みにはドライブに行ったりします。買い物して料理するのも好きです。柔道をするときは柔道だけを考え、休みの時は頭を切り替えて、柔道のことをすっかり忘れます。最近はランニングが趣味で、休みの日曜日に走ってリフレッシュしています。

連載「無我夢中」で話したかったこと

柏崎 「無我夢中」は指導法を眼目に書き進めてきました。ですから、濵田選手がどう育ってきたのか大変興味があります。成功した人は、いい指導者に教えられてきたのが一般的です。自分の最初の指導者は両親ですが、濵田選手の生い立ちを話してもらえますか。

濵田 中学校までは、親からあまりこうしろと言われたことはありませんでした。私がやりたいことをなんでもやらせてくれました。中学生までは大して柔道が強くなかったのに、鹿児島の柔道強豪校に進みたいと言った時も反対しませんでした。高校生になってからは、身だしなみなど私生活の面で結構厳しく躾《しつけ》られました。柔道に関しては、中学校時代の柔道はあまり特別な活動はしていませんでしたが、高校の指導者には、柔道だけでなく生活面も厳しく指導されました。細かいことができないと、柔道も上達できないとよく言われていました。大学では、自由な雰囲気で、自分のいいところを伸ばす指導でした。強豪選手が多くいて外部からも強い選手がいっぱい来るので、そういう人たちの実戦練習でずいぶん地力が付いた気がします。自衛隊に入ったのは、強化選手でもなかった私を誘ってくれたからです。当初は大学まで柔道をやめようと思っていました。自衛隊に入るからには、覚悟を決めて柔道に取り組もうと決意しました。自衛隊に育ててもらったという気持ちは強いです。選手を中心に考えてくれる組織で、そういう環境が合って自分のやりやすいように練習ができて、戦績も向上してきました。

柏崎　テレビ解説などのために、10年くらい前から濵田選手の記録を取っているのだけど、この階級は大会ごとに優勝者が違うくらい、激戦区なんだね。

濵田　いろんなタイプの強豪選手がひしめき合っているので、トップがしょっちゅう変わっていたんです。ですから、特定の人だけに対策を施しているわけにはいきません。1回戦から思わぬ新鋭がいたりするので、満遍なく対策を用意しておかなければなりません。

柏崎　こんな激戦区でよく勝ち抜いてきたね。今日の対談を通して、濵田選手にはアスリートとして天賦の才があると思いました。それは、濱田選手が何度も口にしたように「競技人生を楽しもう」とする姿勢ですね。

最後に

濱田　高校生の時、柏崎先生の寝技のビデオを見たことが、今の自分の柔道の土台になりました。先生と話したのは初めてですが、本当に感謝しています。縁の不思議さを感じます。

柏崎　私は教員でしたから、自分の教えを形に残したいという願望がありました。直接繋がりのなかった濱田選手にとって、それが役立ったということを聞くと、教師冥利に尽きます。本当に嬉しい気持ちでいっぱいです。

（対談日：2023年9月6日）

Profile
濱田尚里（はまだ・しょうり）◎1990年、鹿児島県霧島市生まれ。国分南中学校・鹿児島南高校・山梨学院大学卒。自衛隊体育学校所属、講道館柔道五段。〈優勝〉2015年：全日本選抜柔道体重別選手権大会78キロ級、講道館杯全日本体重別選手権大会78キロ級。17年：講道館杯全日本体重別選手権大会78キロ級、グランドスラム東京78キロ級。18年：バクー世界選手権大会78キロ級。19年：全日本選抜柔道体重別選手権78キロ級。21年：東京オリンピック78キロ級ほか。

おわりに

柔道とは、「分かる」と「出来る」の距離を縮める作業を通して、社会に役立つ知恵と肉体と友を得る伝統的スポーツであると考えています。その作業は意外に厳しくもあり、楽しくもあります。私たちは、技術を学ぶ時、多くのヒントを先達からもらいますが、最後は自分で考え工夫を凝らさなければ、得意技になりません。なぜなら自分で考えた技術でなければ応用が利かないからです。アスリートは研究者なのです。

様ざまな分野の研究者は、たとえ実験に成功しなくても、「この方法はだめだという確かな成果を得た」と言います。私たちも同様に、学びの中で得た経験に無駄はないと考えるべきでしょう。指導者はその研究者に寄り添いながら、多くの学びの機会を提供することが必要なのではないかと、お世話頂いた先生方の指導法を振り返った時に思います。叱咤することしかできなかった若いころの心境とは随分変わりました。いずれにしろ、この本が皆様の何かのお役に立てばと願っております。

最後に、この本を出版するに当たり、インタビューに応じて頂いた、「時の人」である濱田尚里選手（東京五輪金メダリスト）並びに角田夏実選手（パリ五輪金メダリスト）に心から御礼を申し上げます。また、2年に渡って連載頂いた『月刊武道』（日本武道館）出版広報課の後藤正司様、編集に当たりご尽力いただいたベースボール・マガジン社の朝岡秀樹様に感謝申し上げます。

２０２５年　新春の候

柏崎克彦

柏崎克彦（かしわざき・かつひこ）◎国際武道大学名誉教授。講道館柔道八段。1980年モスクワ五輪柔道競技日本代表（日本不参加）、81 年世界選手権優勝。1951 年9 月16 日生まれ、岩手県久慈市市生まれ。久慈高校、東海大学卒。小学５年生から地元の三船十段記念館で柔道を始める。大学卒業後は茨城県立多賀高校で教職に就き、その後東海大学講師を経て、84 年から国際武道大学に勤務。柔道部監督、部長、師範を経て2017 年に定年退職。1975、78、79、80、82 年に全日本選抜体重別選手権優勝。75 年世界選手権2 位。82 年、嘉納治五郎杯柔道大会優勝を最後に現役を退く。寝技の名手として知られ「寝技で勝つ柔道」（ベースボール・マガジン社）ほか著書多数。

[動画に関する注意]

動画は、インターネット上の動画投稿サイト（YouTube）にアップしたものに、QRコードを読み取ることでリンクし、視聴するシステムを採用しています。経年により、YouTubeやQRコード、インターネットのシステムが変化・終了したことにより視聴不良が生じた場合、著者・発行者は責任を負いません。また、スマートフォン等での動画視聴時間に制限のある契約をされている方が、長時間視聴された場合の視聴不良等に関しても、著者・発行者は責任を負いかねます。「QRコード」は株式会社デンソーウェーブの登録商標です。

※この書籍は、日本武道館発行「月刊　武道」にて2022年1月号から2024年1月号まで掲載された「無我夢中　—柔道に育てられて」の内容をまとめ、あらたに対談企画を加えたものです。掲載の内容は、ほぼ「月刊　武道」での連載時のままとしています。掲載時点からの経日・経年に伴い状況が変化している事象などを含め、加筆・修正等は加えないことを原則として、本書を制作しています。

■制作スタッフ

書籍デザイン：浅原拓也
編集：編集スタジオKing-frog
映像制作：Image Team　木川良弘
巻頭対談スチール撮影：馬場高志
巻頭対談構成：長谷川亮
撮影協力：SBC東京医療大学
制作協力：後藤正司（日本武道館）
別丁扉題字：柏崎克彦

無《む》我《が》夢《む》中《ちゅう》

——柔道《じゅうどう》に育《そだ》てられて

2025年1月31日　第1版第1刷発行

著者　柏崎克彦《かしわざきかつひこ》
発行人　池田哲雄
発行所　株式会社ベースボール・マガジン社
〒103-8482
東京都中央区日本橋浜町2-61-9　TIE浜町ビル
電話　03-5643-3930（販売部）
03-5643-3885（出版部）
振替口座　00180-6-46620
https://www.bbm-japan.com/

印刷・製本　共同印刷株式会社

Printed in Japan
ISBN 978-4-583-11734-8　C0075